**世界で活躍する
ビジネスパーソンの必須スキル**

30秒英語プレゼン術
エレベーター・スピーチで
ビジネス英語のレベルが一気に上がる！

デイビッド・セイン
David A.Thayne

CONTENTS

はじめに
4 わずか30秒で人生が変わった、映画『ワーキング・ガール』

Chapter 1
9 30秒スピーチで人の心をつかむ

- 10 エレベーター・スピーチが出世のカギに
- 11 使って便利なエレベーター・スピーチ
- 14 エレベーター・スピーチで自分の魅力を高める
- 15 スティーブ・ジョブスは優秀なプレゼンテーター
- 17 のんびり聞いてくれるほど、みんな暇ではない
- 20 自分を売り込むことを恥ずかしがるな
- 22 わずかな時間なら、相手も耳を傾けてくれる
- 25 エレベーター・スピーチは、3行で構成する
- 28 伝えたいメッセージはひとつに絞る
- 29 メッセージ選択のヒントは、相手の課題を解決すること
- 32 最初のひと言で課題を提示し、ふた言目で課題解決策を
- 37 3行で伝えるエレベーター・スピーチ
- 40 本当に売り込むべきものは何か
- 41 なにもかもはっきりさせたい英語
- 44 数字を使ってわかりやすくする
- 45 オリジナリティを盛り込む

Chapter 2
47 エレベーター・スピーチ文例集

- 48 初対面の人に自分をアピールする
- 58 お客様にアピールする
- 64 お客様に提案する

- 70 お客様に依頼する
- 77 お客様に伝える
- 82 お客様に謝る
- 87 お客様に説明する
- 93 お客様に質問する
- 97 お客様にお断りする
- 101 お客様に紹介する
- 105 お客様に確認する
- 110 上司に伝える
- 120 上司に報告する
- 124 上司に依頼する
- 128 上司に提案する
- 132 取締役クラスに提案する
- 136 取締役クラスにアピールする
- 140 上司に紹介する
- 142 上司に謝る
- 146 上司に質問する

Chapter 3
151 知っておきたい便利なフレーズ

- 152 初対面の人とは「Hi」「Hello」
- 156 初対面に効果的な「天気」の話
- 159 初対面に効果的な「ほめる」フレーズ
- 162 挨拶から話を転換するときのフレーズ
- 170 言葉がうまく出てこなかったときのフレーズ
- 173 最後に好印象を与えるフレーズ
- 175 ワンランクアップを狙うポジティブワード

おわりに
188 日本人らしくはないけれど

はじめに

わずか30秒で人生が変わった、映画『ワーキング・ガール』

　わずか30秒のショートスピーチで人生が変わる。

　そんな劇的なシーンが話題となったのが、映画『ワーキング・ガール』です。

　メラニー・グリフィス演じる主人公テスは、ウォール街の投資銀行に勤める秘書。彼女が考案したビジネスプランは、シガニー・ウィーバー演じる上司にまんまと盗用され、大成功を収めます。さらにテスに追い打ちをかけるように、上司から解雇通告。

　窮地に追い込まれたテスの結末はいかに。

　ここからが、この映画のハイライト。

　テスは偶然にも、エレベーターで会社オーナーと乗り合わせることになります。そして、エレベーターがロビー階に到着するまでの間に、今回のビジネスプランが自分のアイデアだったことをオーナーに力説します。テスに与えられた時間は、わずか30秒。**この短い時間でテスはオーナーの説得に成功し、解雇から一転、取締役就任という、まさに人生を180度変えることになります。**

　これがいわゆるエレベーター・スピーチ（elevator

speech)。エレベーター・スピーチとは、約30秒、長くても1分で完了するごくごく短いスピーチのことです。エレベーターでビルの1階から最上階まで行く場合の平均的な所要時間に匹敵するので、こう呼ばれるようになりました。この映画が"エレベーター・スピーチ"の由来ではありませんが、映画の大ヒットで、**わずかな時間にもチャンスがあり、それを逃してはならない**という考え方が一気に広まることになりました。

日本では、「エレベーター・スピーチ」という言葉は、まだまだ浸透していませんが、アメリカでは、30秒間で**確実にビジネスコネクションの布石を打つテクニック**とされ、**自己プロデュースのパワーツール**として重視されています。

エレベーター・スピーチは、限られた時間内で相手とコミュニケーションをすることだけが目的ではありません。**エレベーター・スピーチの目的は、そのコミュニケーションの結果として、相手の心に自分を深く印象付けて、相手を動かすことにあります。**

最短時間で、本当に伝えたい情報のポイントだけを厳選して凝縮し、的確に相手に届ける。そうすることで、チャンスをものにできます。相手の時間を全く無駄にすることなく、こちらの意思や意図を伝えられ、かつ、相手を動かすことができるのです。

クライアントに自分の名前を覚えてもらう、自社商品やサービスを購入検討対象にしてもらう、新しいお客様を紹介してもらうなど具体的な目的はさまざま。テスのように、相手を翻意させることが目的のときもあるでしょう。さらに言えば、スピーチの対象となるのは、クライアントや日頃話す機会がない憧れの経営者、ビジネスチャンスを与えてくれる投資家といった人たちばかりではありません。

短い時間で伝えたいことを簡潔にまとめるスキルは、上司や社長などとの社内でのコミュニケーションにも活用することができます。仕事の進捗状況を伝える、新しい企画を提案する、ミーティングの概要を説明するなど、社内でも限られた時間でのコミュニケーションは多々あります。上司から「言っていることが分からない」「結局、何を言いたいんだ!」「ところで用件は何?」と無駄な時間を使わせるなとばかりに怒られたことはありませんか? これは言いたいことが簡潔に表現できていないからです。エレベーター・スピーチのスキルを身につけると、こうした**社内でのコミュニケーションが円滑になり、評価アップにつながります。**

またエレベーター・スピーチのスキルは、ビジネスシーンばかりでなく、プライベートにも活用できます。時間がないときや、携帯で連絡するときなど、用件を手短に伝えた方がいいときがあります。たとえば、家族に帰宅時間が

遅くなることを連絡する、友人に遊びの計画を提案する、恋人に待ち合わせの場所を説明する、初対面の人に自己紹介するなど、エレベーター・スピーチを応用できるシーンは無数にあります。

ただし、目的を達成できなければ、それは単なる短い会話にすぎません。その場を和ませるだけの会話なら、思いつきでなんとかなるものです。

しかし、思いつきの言葉を並べるだけでは、相手の行動を変えたり、相手にインパクトを残すことはできません。まず、自分はどうしたいのか、相手に何をしてもらいたいのか、**スピーチの目的を明確にすることが大切です。そして、相手を動かすためには、何をどう伝えればいいのか、整理することも必要です。コツさえ押さえれば、30秒で十分伝えたいことを伝えられます。**

本書は、英語で行うエレベーター・スピーチの準備をまとめたものです。Chapter 1はエレベーター・スピーチの考え方や基本構成についての解説、Chapter 2、3では実践で活用できる英語の文例や表現を紹介します。みなさんも、エレベーター・スピーチをしっかり身につけて、30秒であなたの人生を変えてみましょう。

デイビッド・セイン

エレベーター・スピーチとは？

❶エレベーターに乗り合わせる

約30秒

❷プレゼンで相手の心を開く

❸相手の心をつかむ

❹相手を動かす

30秒スピーチで人の心をつかむ

わずか30秒で人生を変えるスピーチとは
どんなものなのでしょうか?
まずはエレベーター・スピーチとは何か、
どういう構成なのか、どう作ればいいのかを
学ぶことから始めましょう。

Chapter 1 30秒スピーチで人の心をつかむ

エレベーター・スピーチが出世のカギに

　㈱住生活グループ代表執行役、藤森義明社長は、エレベーター・スピーチで成功をつかんだおひとり。『理念と経営』（2011年11月号）で重要性を明言しています。

　藤森社長は今のポジションにつく前はGEに所属して、GE代表取締役兼CEOを務めていました。そのGE時代に肌で感じたのが、エレベーター・スピーチの必要性と重要性。

　ビジネス界で生き残るためには、人生で成功するためには、この能力がないと駄目だとひしと感じたそうです。

　というのも、藤森社長はGE時代、新旧CEOである、ジャック・ウェルチやジェフリー・イメルトとのコミュニケーションは本当にごく短い時間に限られて、エレベーター内のわずか15〜30秒というのが常でした。ここでプロジェクトの評価を聞かれ、うまく答えられなければアウト。**相手に興味を持たれなければ、プロジェクトも個人も、まったく評価されない**のです。昇進もなにもあったものではありません。

　その現実に愕然とした藤森社長は、自身のプレゼンテーション能力を磨くため、アメリカに渡って徹底的に訓練しました。そして、いつでもはっきりとわかりやすく伝えたいことをごく短時間で凝縮して伝えるテクニック、エレ

ベーター・スピーチを身につけました。

そして、最終的にGEでの最高ポジション、代表取締役兼CEOという地位にのぼりつめます。そして、今の会社でも代表執行役員社長として活躍されています。

エレベーター・スピーチはアメリカではごく当然のビジネススキルのひとつです。英語を使って仕事をする場合、**このエレベーター・スピーチがいかにうまくできるかによって、今後のビジネス、そして、あなた自身の人生の明暗が大きく分かれる**といっても過言ではありません。

エレベーター・スピーチのスキルは、磨いておいて損はありません。むしろ、一歩抜きんでるために、今すぐにでも手に入れたいビジネススキルなのです。

使って便利な エレベーター・スピーチ

では、具体的にどのようなシーンで使えるのか。エレベーター・スピーチはこんなふうに使ってください。

あなたはとっておきの新商品のアイデアを思いつきました。商品化を提案したいのですが、営業部所属のあなたは、製造部門のトップを説得しないといけません。そんなとき、製造部門のトップと偶然エレベーターに乗り合わせまし

Chapter 1　30秒スピーチで人の心をつかむ

た。これは千載一隅のチャンス！　ここで大活躍するのがエレベーター・スピーチです。基本3行で、言いたいことを伝えます（詳しい構成は、25ページ参照）。

① Hi, I'm Taro Miura in Sales. I have an idea for a new product, and everyone I've talked to says it's revolutionary.
（こんにちは、営業部の三浦と申します。実は、新商品のアイデアがあります）

② It's based on suggestions from our clients.
（最近クライアントからご提案いただいたことなのですが）

③ I can summarize my idea in a one-page report that I'll send to you tomorrow, if you don't mind.
（よろしければ、明日1ページのレポートにまとめてお送りします）

　このスピーチによって、何もしなければお蔵入りになっていたアイデアが、一転、製品化への最短ステップを進み始めるかもしれません。アイデアが実現される可能性がぐんと高まるのです。
　また、エレベーター・スピーチは、日常的なコミュニケーションでも使えます。
　普段忙しくてなかなか時間をとってもらえない上司が、

今ちょっとだけ時間がありそう。最近、あなたをずっと悩ませている案件について、ぜひとも話し合いの場を持ちたい。では、どうしたらミーティングにこぎつけるか。

次のようなエレベーター・スピーチで話しかければ、上司も打ち合わせに応じてくれると思います。ポイントはここでも3行構成であること。

① Hi, I'd like to brainstorm with you on a problem I'm having.
（部長、ちょっとご相談したいことがあります）

② We need to find a way to a turn ABC into a happy customer.
（ABC社を満足いただける顧客にするよい方法を見つける必要があります）

③ Could we talk about it this afternoon?
（本日、午後どこかで30分ほどいただけませんか。）

エレベーター・スピーチは、**ちょっとしたチャンスに自分の伝えたいことを明確に伝え、かつ相手の記憶に深く印象付ける**スピーチです。

Chapter 1　30秒スピーチで人の心をつかむ

 ## エレベーター・スピーチで自分の魅力を高める

　エレベーター・スピーチは、お偉方へのレポートやプレゼンテーションのためだけに使うスキルではありません。どんどん普段のコミュニケーションに取り入れましょう。

　日常的なコミュニケーションの積み重ねで、人の印象は形作られていきます。**分かりやすい話をする人はそれだけで評価が高くなります。**

　あなたにもこんな経験はないでしょうか。
　「つまらない話を聞かされたせいで、仕事が進まなかった」
　「無駄に長いスピーチにあくびが出た」
　「もっとコンパクトに話をまとめれば済むことなのに、どうしてこんなに長く話すのか分からない」
　おそらくあなたが抱いた、こういう話し手への印象は決してよくないことでしょう。

　相手の時間を余計にとってしまったり、言いたいことをうまく伝えられず、相手を悩ませてしまったりすると、相手をイライラさせてしまうので、あなたの評価が下がってしまいます。

できるだけわかりやすく、短い時間で話すことを、常日頃から心がけたいもの。嫌なヤツ、使えないヤツと思われないためにも、おすすめします。
　そうすればコミュニケーションがラクになり、**人間関係もぐんとスムーズになります。**

スティーブ・ジョブスは優秀なプレゼンテーター

　エレベーター・スピーチは、まさにショートサイズのプレゼンテーション（プレゼン）といってもいいでしょう。
　プレゼンという言葉を聞くと腰がひける方がいるかもしれませんが、エレベーター・スピーチを成功させるには、あなたも立派なプレゼンテーターになる必要があります。スライドやパワーポイントなどの道具に頼らない、言葉だけのプレゼンのコツをおさえましょう。

　2011年10月5日に亡くなったアップル社の創業者であり、元CEOのスティーブ・ジョブスは、独創的なアイデアだけでなく、聴衆を魅了することに長けたプレゼンテーターとしても知られています。「スティーブノート」と言われた彼の基調講演には、よい席を確保するために真冬でも徹夜で並ぶ人がいたそうです。
　彼の講演の魅力は、ちみつに構成されたシナリオに沿っ

Chapter 1　30秒スピーチで人の心をつかむ

て示される印象的なメッセージにあります。

「宇宙に衝撃を与えたい」
「今日、アップルが電話を再開発する」
「僕にとってコンピュータというのは、人類が考えた最高のツールだ。知性の自転車といったところかな」
「このチップからすばらしい音が生まれる」
「iPodより高価なスニーカーもある」
「画面にはとても見た目のよいボタンを配した。思わずなめたくなるだろう」

　彼が残した名言をいくつか並べてみましたが、**どれも短いフレーズで商品の魅力を的確に伝える、広告コピーに匹敵するメッセージ力があります。**
　こうした言葉を、初対面の人から投げかけられたらどうでしょうか？　おそらく、それだけで無視できなくなるはずです。**誰もがもう一度会ってもっと話を聞きたいと思う**のではないでしょうか。これが限られたわずかな時間で人を引きつける言葉の力です。
　スティーブ・ジョブスのメッセージは、アドリブで生まれた言葉ではありません。計算し尽くされた言葉なのです。たとえば広告コピーは、書いてしまうとただの短いフレーズですが、このフレーズが生まれるまでには、商品のメリットを徹底的に考え、ターゲット層を研究分析し、何度もメッ

セージを書き換えながらブラッシュアップしていく作業が何度も繰り返されています。そして、この作業こそが、短い時間で人を引きつけるエレベーター・スピーチの準備にも必要なのです。

 ## のんびり聞いてくれるほど、みんな暇ではない

「はじめに」でお話ししたように、エレベーター・スピーチはエレベーターの中だけでのコミュニケーションスキルではありません。**与えられたわずかな時間で、伝えたいことを相手に伝えるスキル**です。

『ワーキング・ガール』のような劇的な出会いばかりでなく、取引先の企業の担当者や上司、営業先の役員や社長、直属の上司や社長など、さまざまな立場の方とのふだんのコミュニケーションでも役立ちます。エレベーター・スピーチを身につければ、もうあなたはどんな場面でも「何を言っているのかわからないんだけど」「要するに言いたいことは何だ？」「話は手短に頼む」などといったリアクションはとられなくなるでしょう。

要点を簡潔に伝えることができると、相手にとらせる時間はわずかですみます。10秒でも相手に無駄な時間だと思われてしまってはそこから先に進めません。用件は手短

Chapter 1　30秒スピーチで人の心をつかむ

にすませる、それを心がけるだけでも、あなたの印象はよくなります。

スピードが求められる今のビジネス社会では、責任を負う立場になればなるほど、ゆっくり時間をかけて人の話に耳を傾ける余裕はなくなっています。だからこそ、ビジネスシーンでは、特に短い時間で伝えたいことを伝えるスキルが必要なのです。

のんびり聞いてくれる時間がないからといって、全く時間がとれないというわけではありません。それこそエレベーターに同乗した、あるいは廊下ですれ違ったといった、わずかな時間をチャンスと捉え、積極的に話しかければいいのです。

たとえば、空港ラウンジやオフィスビル内にあるカフェで偶然隣り合わせになることもあるでしょうし、オフィスビルのロビーや玄関ですれ違ったり、タクシーを待っている列に一緒に並ぶこともあるでしょう。一緒に行動することが多い、直属の上司が対象なら、30秒くらいの時間はいつでも見つけられるはずです。また、自分を売り込むターゲットが決まっている場合も、それくらいの時間なら、きっと見つけられるはずです。

エレベーター・スピーチはこんなことに活用できる！

自分

- ❶ 憧れの社長に自分をアピールする
- ❷ お客様に自分の会社をアピールする
- ❸ お客様に企画を提案する
- ❹ お客様に仕事の連絡を入れる
- ❺ お客様に新商品を説明する
- ❻ 上司に成果を報告する
- ❼ 上司に仕事をお願いする
- ❽ 上司に協力会社を紹介する
- ❾ 社長にビジネスプランを提案する
- ❿ あこがれの先生に自己紹介する
- …

Chapter 1　30秒スピーチで人の心をつかむ

Chapter 1 30秒スピーチで人の心をつかむ

自分を売り込むことを恥ずかしがるな

　エレベーター・スピーチでの最初の難関は、相手に声をかけることです。

　でも、こちら側から話しかけなければ、コミュニケーションは始まりません。たまたま気さくな人で、相手の方から話しかけてくれたとしても、この時点で会話のイニシアティブは相手にあります。

　受け身の会話では、その場を和やかな雰囲気にすることはできても、相手に自分を印象付けて、なおかつ自分の要望を聞いてもらったり、自分のために行動してもらったりすることは難しいでしょう。**エレベーター・スピーチを成功させるには、自分から話しかけ、会話のイニシアティブをとることがポイントです。**

　少し想像してみてください。独身であるあなたは今ちょうどエレベーターに乗り込むところ。そこには以前見かけたことのある女性（もしくは男性）が乗っています。まさに完璧なお相手になりそうな人。容姿端麗、おまけに何とも魅力的な微笑みをたたえています。ファッションセンスもばっちり！　しかも未婚であることも確認済み。

　さあ、2人きりになった空間で、あなたはどう声をかけ

ますか？　与えられた時間は、わずか30秒です。100人の日本人がこの状況にいたとしたら、おそらく95人は何も話さずに黙ったままでしょう。そしてそのうちの94人が、エレベーターを降りて後悔するはずです。アメリカ人の場合は、75人は何も言わず、74人が後悔するにちがいありません。もちろん、これは私の単なる推量に過ぎませんが……。いきなり2人きりになると、言葉がなかなか出てこないものです。さらに、変な人だと思われたらどうしよう、気に入られなかったらどうしよう、言葉に詰まったどうしようと、余計なことまで考えると、なおさら沈黙の時間が続くことになります。

　これでは**せっかくのチャンスが台無し**です。

　声をかけなければ、何も生まれません。話しかけなければ、何も始まらないのです。声をかける勇気が大切です。

　どう声をかけたらいいのかわからない人のために、Chapter 3で、声をかけるための簡単なフレーズを紹介しています。まずは、その例文を参考に声をかけることから始めてみましょう。

Chapter 1　30秒スピーチで人の心をつかむ

わずかな時間なら、相手も耳を傾けてくれる

エレベーター・スピーチは、特にマーケティングの分野で、重要な人物との偶然の出会いをチャンスにするためのテクニックとして欧米で広く推奨されています。

これは実際にあった話です。キャリア開発コンサルタントのイギリス人女性は、かねがね尊敬していた日産自動車のカルロス・ゴーン氏と病院のエレベーターで乗り合わせたそうですが、驚きと感激で何も話せませんでした。同僚に話したところ「自分ならチャンスは逃さない」と言われました。しばらくして、今度はその同僚がエレベーターの中でゴーン氏に遭遇する機会があったそうですが、やはり何も言えなかったそうです。**"知らない人"に声をかけるというのはなかなか難しいものなのです。**

いきなり話しかけるのをちゅうちょしてしまう気持ちは分かります。初対面ならなおさら。相手がどう反応するか分からないわけですから、避けたいもの。さらに相手が自分より立場的に上だと感じるときは、話しかけたら失礼かもしれない、どうせ聞いてもらえないかもしれない、という考えもよぎります。

ところが、そういう人たちは、実際に話しかけてみると耳を傾けてくれることもあるのです。たとえば、松下幸之

助が、役職や立場に関係なく、いろいろな人たちの意見に真剣に、そしてやさしく耳を傾けたのは有名な話です。**成功している人たちの多くは、他の人の話に耳を傾け、いろいろな情報や意見を知ろうとする傾向があります。**

　成功者といわれるような人や、要職についている人は、1分1秒を争うタイトなスケジュールで忙しく生きている人ばかりなので、なかなか時間をさいてはくれません。で**もあなたは、偶然その場に居合わせた、というだけで、貴重な時間をもらえるチャンスを手にしている**のです。これをふいにする手はありません。

　ここで問題となるのは、**限られたごく短い時間の中で、いかに自分が言いたいことを相手にわかりやすく、かつシンプルに伝えるか**、ということ。それさえクリアすれば、たとえ結果NOと言われてしまったとしても、あなたの存在は、ばっちりと印象付けることができます。声をかけるだけでも、「こいつは違う」と思ってもらえるはずです。
　うまくいけば、貴重なアドバイスやヒントがもらえるかもしれません。キーマンとなる誰かを紹介してくれるかもしれません。
　ただし、そうなるためには、ちょっとしたコツとテクニックが必要ですので、この本を読んでぜひ勉強してみてください。

COLUMN

エレベーター・スピーチは暗記しなければなりませんか？

暗記はおすすめしません。単に暗記した言葉では気持ちが込められないことが多く、相手にもそのことがバレてしまいます。

一語一句間違えずによどみなく話すことよりずっと大切なのは、熱意を持って語れるかどうかです。VIPがもしあなたが熱心に語る姿に興味を抱いたら、たとえあなたの英語をすべて理解できなかったとしても、なぜあなたがそれほどまでに熱意を持っているのか、その理由をもっと知りたいと思うはず。次に会える可能性が高まります。熱い想いは相手の心を動かします。一語一句間違えずに暗記して話すよりも、まず、アピールしようとする熱い気持ちを持つことが大切です。その気持ちがあれば、暗記せずとも、意外と話せてしまうものです。

エレベーター・スピーチは、3行で構成する

I'm interested. Tell me more.
「興味があります、もう少し知りたいですね」

Why don't you come by for a visit one of these days?
「近いうちに、うちの会社にお寄りになりませんか?」

I have some time on Wednesday next week. Could you tell me more then?
「来週の水曜日なら空いていますけど、続きを話してもらえますか?」

Everything seems to be going well. Keep it up.
「順調に進んでいるようだね。引き続きよろしく」

こんな言葉が相手から返ってくれば、エレベーター・スピーチは成功です。もちろん、こういう言葉を相手から引き出すのはそれほど簡単なことではありませんが、ちょっとしたコツと心がけでぐんと可能性は高まります。

取引先の担当者、上司、役員、会社の上司や社長、個人のお客様、憧れのビジネスマンや講師などに会ったとき、

Chapter 1　30秒スピーチで人の心をつかむ

なかなかとっさに言葉が出てこないものです。何を話すか、何を伝えるか、事前に準備しておくことがポイントになります。準備ができていればおそれることはありません。

では、あなたの言葉をきちんと相手の心に届かせるにはどうしたらいいのか、具体的にお教えしましょう。

ここからは、エレベーター・スピーチの作り方について話したいと思います。エレベーター・スピーチ初心者の方に、私から提案したいのが**3行スピーチ**です。とっさのアドリブに自信のある方ならそれ以上話してもかまいませんが、覚えておいてほしいのは、相手がプロの話し手でない限り、30秒以上も人の話を聞くことを誰も望んでいないということ。だからこそ3行なのです。

そして、相手の時間を無駄にしないことも忘れてはいけません。相手はとても忙しいのです。望んで今、あなたのために時間を費しているわけではないことを心にとどめておきましょう。この状況ではつかみは30秒で十分です。

3行の構成は、以下になります。
1) **最初のひと言（相手に課題を提示する）**
2) **伝えたいこと（課題の解決策を提示する）**
3) **終わりのひと言（何をしてほしいのかを伝える）**

エレベーター・スピーチの構成

1行目：
最初のひと言
相手が気にかけていることや知りたいことを提示する

相手を振り向かせる

2行目：
伝えたいこと
気にかけていることや知りたいことを具体的に提示する

相手に興味を抱かせる

3行目：
終わりのひと言
相手に何をしてほしいのか具体的に伝える

相手をうなずかせる

伝えたいメッセージはひとつに絞る

　3行の中でもっとも重要なのは、もちろん「伝えたい」ことです。どういう言葉にするか、フレーズにするかという以前に、「○○さんに会ったらこれを伝えたい」「○○上司に会ったらこれを報告する」という「伝えたいこと」を決めてください。ここで気をつけたいのは、**伝えたいメッセージはひとつに絞って、本当に話したい、話さなければならないことだけを話すようにする**ことです。

　たとえば、取引先に新商品をアピールするとします。ライバル会社の商品に負けないために、新商品の魅力はすべて伝えたいところでしょう。新技術や性能、斬新なデザインやカラー、パッケージ、価格、広告戦略など、伝えたいことはたくさんあるでしょうが、**もっとも差別化できる、訴求力のあるひとつのポイントに絞ることが大切**です。

　たとえば、上司にプロジェクトの進捗状況を報告するとします。自分を高く評価してもらいたいがために、どこまで進んでいるかだけでなく、それまでに起きたことや、それを解決したことなど細かく報告したいところでしょうが、伝えるべきことはプロジェクトの進捗状況だけです。

　あなたに与えられている時間は、わずかに30秒。あれもこれも伝えるには、時間的に無理があります。しかも、

伝えたいことが複数になれば、それだけ本当に伝えたいメッセージの伝わり方が弱くなります。**エレベーター・スピーチの目的は、相手に興味を持ってもらい、次につなげること**。その場で完結する必要は全くありません。クライアントであれ、上司であれ、残りのメッセージは、次回じっくり話ができる機会に伝えればいいのです。

メッセージ選択のヒントは、相手の課題を解決すること

伝えたいことをひとつに絞るときに注意することは、**相手の立場で考えることです。誰にとっても、一番に気になるのは自分のことや自分の会社のこと**です。話しかけられたときに、耳を傾けるかどうかの判断基準もそこにあります。つまり、いかに相手に「自分ゴト」としてうけとってもらえるかどうかということです。

メッセージを送る側のあなたは、そこを意識することが大切。クライアントに新しいサービスをアピールするときも、クライアントにとってこのサービスがどうなのか、どういうメリットをもたらすのかという視点に立てば、おのずと伝えるべきことが見えてきます。

ただ、自分のところのサービスが画期的だからとか、コストパフォーマンスが高いからとか、商品パンフレットに書かれているようなメリットを並べるだけでは相手にはな

Chapter 1　30秒スピーチで人の心をつかむ

かなか届きません。ところが、**相手が抱える課題を理解した上で、「それを解決するのがこのサービスです」と伝える**と相手の心に響くのです。

また、**英語の場合、物事をハッキリさせないと、相手に何も伝わりません。**

たとえば、いつまでにミーティングをしたいのか、具体的な日にちを伝える。どのくらいの時間を割いてほしいのか、明確に時間を示す。あなたの能力で何ができるのか、具体的に伝える。資金が必要なら、どのくらいの金額が必要なのか、具体的な金額を言う、などです。

日本語だと、あやふやでも許されてしまうのですが、英語では一切許されませんから、ここは注意して、具体的な話を盛り込みましょう。

① **「顧客データをリアルタイムで管理・分析できます」**
② **「この顧客管理システムなら損失を大幅に減らせます」**

どちらの方に相手が反応するかというと、②。このように、相手にとってどういうメリットがあるのか、明確にしっかり伝えることが大切なのです。上司に仕事の進捗状況を報告するときも、考え方は同じです。**上司が求めている答えが何かを考えれば、メッセージ内容はおのずと決まってきます。**

伝えたいことを絞り込む

伝えたいことをひとつに絞り込まずに相手に伝えると、
相手は何を話したいのか理解できません。
結局、記憶に残らないメッセージになります。

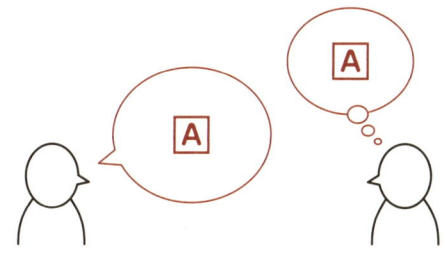

伝えたいことをひとつに絞ると、相手は理解できるし、
それに対して判断することができます。
相手の興味を引く内容なら、
インパクトを残すメッセージになります。

Chapter 1 30秒スピーチで人の心をつかむ

最初のひと言で課題を提示し、ふた言目で課題解決策を

　相手への呼びかけは、英語ではファーストネームになります。Chapter 2の文例集で日本語と英語の呼びかけ方の違いを実感してください。

　最初のひと言は、相手をエレベーター・スピーチに引き込むための言葉になります。もちろん挨拶をし、軽く自己紹介してからになりますが、3行スピーチの最初のひと言として、次のようなフレーズがよく使われます。

I have an idea for a national promotion.
「全国展開のためのヒントをお持ちしました」

I think we can help you improve your efficiency.
「私たちは業務効率化のお手伝いができます」

Maybe you've heard, but we have cost-cutting accounting program.
「お聞きになっているかも知れませんが、
弊社には経費削減の会計ソフトがあります」

　相手の抱える課題に的を絞って、相手の心をゆさぶるのは、非常に効果的です。

　このように課題を最初のひと言で提示し、2番目のフレーズで解決策を提案します。

Maybe you could make use of our regional sales network.

「弊社の地方販売網を活用していただくのも
よろしいかもしれません」

We made a processing system that can double your speed and half your costs.

「弊社は処理速度2倍、価格を半分にするデータ処理システムを開発しました」

Our curriculum has been proven to get people ready in three years.

「弊社のカリキュラムで、3年後の人材を育成できることが
証明されています」

　これが、対クライアント（将来的なクライアントも含めて）向けのエレベーター・スピーチのオーソドックスなスタイルです。対社内（上司やトップ層）向けの場合は、これから話すことについて明確にする役割が最初のひと言になります。

About our project with ABC...

「ABC社とのプロジェクトの件です」

About improving the work environment...

「社内環境整備の件です」

これに対し、上司が求めることにしっかり答えることが「伝えたいこと」になります。前ページの例でいえば、進捗状況であり、提案内容です。

We're a week ahead of schedule and plan to finish three days early.
「１週間前倒しで進行しています。予定より３日早く完成予定です」

By having our servers in one place, we can make a place to relax.
「サーバーを１カ所に集中することで、リラックススペースを確保できます」

挨拶してからなかなか本題に入れないことも。そんな時には、以下のようなフレーズを使うとスムーズに話を変えられます。

By the way, I...
「ところで、私は〜」

Yeah, I was thinking. I...
「ええ、私は〜のように考えていました」

You know, I wanted to tell you something. I…
「ええと、私は〜のようなことを申し上げたかったのです」

Hey, you know, I'd like to mention something. I…

「すみません、私は〜のようなことを申し上げたいと思います」

There's something you might be interested in. I…

「きっと興味を持っていただけることがあります。私は〜」

You might be interested in something. I…

「興味を持っていただけるかもしれません。私は〜」

このほかにもさまざまなフレーズがありますので、ケースバイケースで使い分けてもいいでしょう。

まとめのひと言は、次につながる言葉で終わります。一般的な言い回しは以下の通りです。

I'd be more than happy to help.

「私は喜んでお手伝いさせていただきます」

I'm looking forward to hearing from you.

「連絡をお待ちしています」

Please let me know what I can do. I'd love to help.

「私がどのようにお手伝いできるのかお知らせ願えれば、大変幸せです」

I think I can help your company.

「御社のお役に立てると思います」

まとめのフレーズのポイントは、相手に何をしてほしいのか明確にすることです。すぐに会いたいのか。新商品や企画を相手の検討材料にしてもらいたいのか。難しい言い回しをする必要はありませんが、**次に何をしたいのかという意思表示をしっかりしなくてはなりません。**日にちや量なども具体的にします。Chapter 2の文例集で、そのあたりも学んでください。

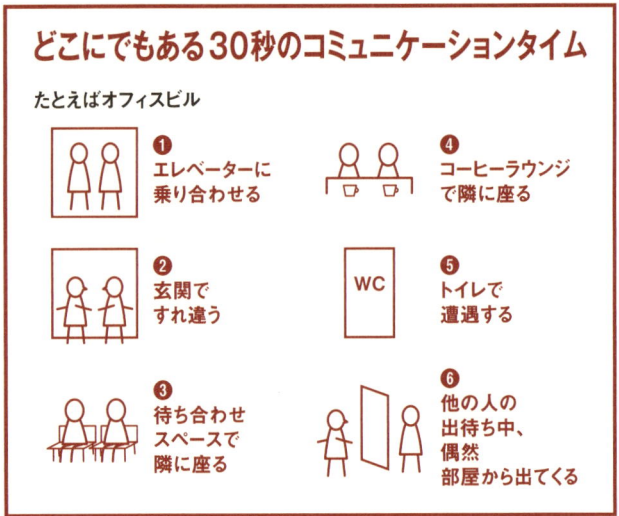

3行で伝える エレベーター・スピーチ

それでは、実践的エレベーター・スピーチに挑戦してみましょう。

たとえば、ホテルに転職を希望しているとします。そんなとき、偶然にも憧れのホテルのオーナーとエレベーターに乗り合わせることになりました。オーナーと話せるのはわずか30秒です。

❶最初のひと言
A)

I'm interested in working in the hotel industry. I love working with people.

「ホテル業界で働くことに興味があります。
人と接する仕事が好きなんです」

B)

I've studied the hotel industry, and I think I know the secrets to making guests happy.

「ホテル業界について学んできましたので、
私は何がお客様を幸せにさせるのかを知っています」

A) は悪くはありませんが、相手をワクワクさせるほどで

はありません。オーナーが「もっと君のことを聞かせてくれたまえ！」と思うまでにはならないでしょう。その点、B)には期待感があります。長年、ホテル業界で仕事をしてきたオーナーにとって「お客様を幸せにする」ことは永遠の課題。その答えを知っていると堂々と宣言する人間を、無視などできるわけがありません。続きを早く話してくれという状況になっても不思議ではありません。

❷伝えたいこと

A)

I have a degree in hotel management, and I worked as an intern for three years.

「私はホテル経営学の学位を持っていますし、
3年間インターンとして働きました」

B)

My graduation thesis was on the three secrets the successful hotels know.

「私は卒業論文で、繁盛しているホテルが
熟知している3つの秘訣について書きました」

　残念ながら、あえてA)を採用する理由が見当たりません。オーナーにとってA)のキャリアは聞き飽きたもの。魅力的な人材とはいえないのがオーナーの本音です。一方、

B）の話は、繁盛させる秘訣が3つある、と最初のひと言からさらに踏み込んだ内容。いよいよオーナーは、その秘訣を知りたくなります。既にこの時点では、B）の話を聞く時間をつくることまで考え始める可能性があります。

❸最後のひと言
A）

This is my resume. Please let me know if you think there's an opportunity.

「こちらが私の履歴書です。もし働かせていただける機会があれば、ご連絡ください」

B）

**I'd love to tell you about my research.
I'm looking for work now,
so my schedule is flexible.**

「私の研究について
ぜひお話しさせていただきたいと思います。
今、仕事を探しているところです。
スケジュールはいかようにもなります」

A）の履歴書はエレベーターを降りた後に秘書に渡されたとしても、その先はどうなるのか分かりません。B）はエレベーターを降りるときにはオーナーから名刺を渡されているかもしれないし、「後で秘書から連絡させるから」

という言葉をかけてもらっているかもしれません。

A) のスピーチは、日本語的にも英語的にも可もなく不可もなくといったところです。伝えたいことは伝えられたといえます。しかし、オーナーの心には響きませんでした。

一方、B) のスピーチは、オーナーにとって無視できないものになりました。違いは、A) は自分中心のスピーチで、B) はオーナーの立場に立った、心をくすぐるスピーチだったということです。短いセンテンスであっても、スピーチの作り方で、その効果は大きく違ってきます。

本当に売り込むべきものは何か

これは、主に営業や売り込みで使われるエレベーター・スピーチにいえることなのですが、一般に**相手の心にひびくスピーチというのは相手が抱えている課題をスッキリ解決し、相手が求めていることに対して的確に回答する内容で作ります**。ここでは、その内容がさらに相手にしっかり届くような言い回しのヒントを紹介したいと思います。

メッセージで伝えることは、相手の課題を解決することだと話しましたが、記憶に残るキャッチフレーズや広告コピーを眺めてみると、短いフレーズの中で見事にそれを表

現しています。しかも、**課題を解決することで得られるメリットまでうまく伝えています。**

　たとえば、糸井重里氏がコピーライターとして脚光を浴びることになった西武百貨店の名広告コピーがあります。
「**おいしい生活**」
　また日本に出店後、あっという間に全国展開されたスターバックスのCEO、ハワード・シュルツが投資家を前に事業のビジョンを語った言葉があります。
「**スターバックスは職場と家庭にはさまれた第3の場所をつくる**」
　両者に共通しているのは、売り物そのものをアピールしていないところです。メッセージは、その商品を買うことによって得られるメリットです。相手の心に残る言葉にするなら、「あなたの素晴らしさはわかった」「あなたの会社の商品が高性能なのはわかった」、その後に続く、「それであなたとビジネスするとどんないいことがあるの？」「その商品を買うとうちの会社はどうなるの？」という問いに対する答えまで準備しておくことです。

なにもかもはっきりさせたい英語

　日本語で言いたいことをそのまま英訳しても、ネイティブには伝わりません。エレベーター・スピーチでは特に注

意したい、日本語と英語との違いを説明します。

　まず、**ファーストネームで呼び合うのがネイティブの流儀**。英語では、たとえ社長であっても、ファーストネームで呼びかけます。相手を役職名で呼ぶことはありません。

　あいまいな表現は極力避けましょう。なにかを提案するときも、お願いする時も、基本的には「誰が、何を、いつ、どうする」という情報を盛り込んで**具体的に説明します。**

　期日も、予定も、所要時間についても、**具体的に指定します**。たとえば、「1週間後に」といいたいなら、「By October 12」と日付を指定します。

　日本語はあいまいが許されるのですが、英語では許されません。英語はハッキリさせる言語と心得てください。

　Chapter2「エレベーター・スピーチ文例集」のすべての文例の日本文と英文は、言っていることが一致してはいません。それは、日本語で言いたいことをそのまま英訳しても、ネイティブには伝わらないからです。日本語のニュアンスに最適な英語表現が文例として載っていますので、日本語と英語のギャップをぜひ実感してみてください。

具体的な表現よりイメージを優先すると伝わる

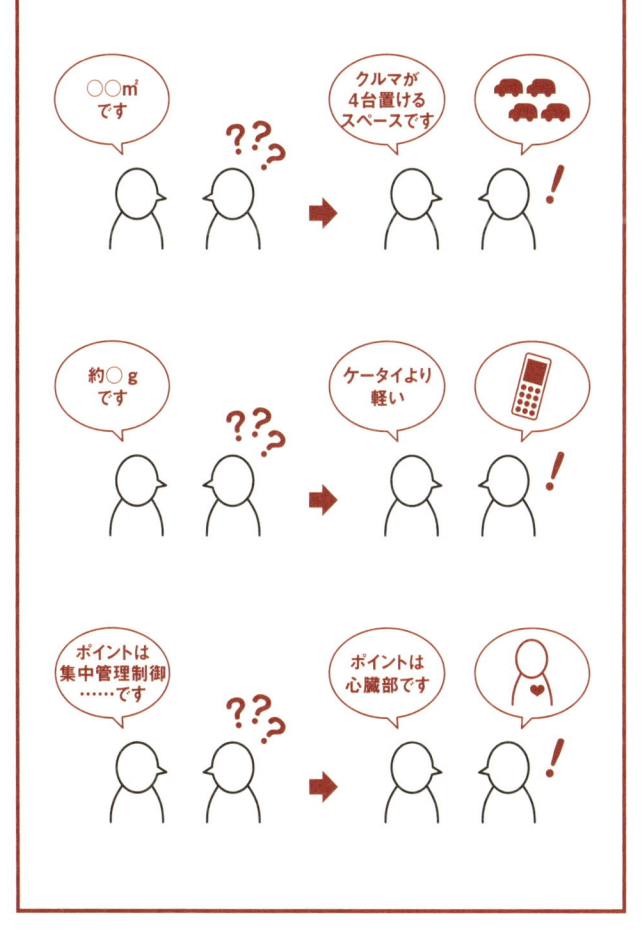

○○㎡です → クルマが4台置けるスペースです

約○g です → ケータイより軽い

ポイントは集中管理制御……です → ポイントは心臓部です

数字を使ってわかりやすくする

メッセージに数字を盛り込むとわかりやすくなることがあります。たとえば新しくできたショッピングモールの広さをアピールするとします。

- A) 総敷地面積は約38万㎡です。
- B) 日本でNO.1の広さのショッピングモールです。
- C) 東京ドーム8個分の広さです。

どれが一番ショッピングモールの広さをイメージできますか？ C）ですよね。どれも数字を使っていますが、これがダントツです。このように、数字で表現するときに気をつけることは、数字を入れることで逆にわかりづらくならないようにすることです。**製品性能をアピールするときは特に注意が必要です**。よく家電量販店で、素晴らしい商品であることをスペックで表現しようとしている販売員を見かけますが、専門家でないお客様にはさっぱりわかりません。スペックで説明されるより、「○○より2倍速くなりました」「ご飯を食べている間にできあがります」などの説明の方がよほどイメージしやすいのです。

数字の使い方さえ間違えなければ、メッセージに数字を盛り込むことは非常に効果的な手法です。数字を用いる以

外でも、具体的な商品やアイテムを引き合いに出すと、誰にでもイメージできるメッセージになることもあります。

A）iPodシャッフルは、ガムより小さくて軽い
B）iPodシャッフルは、厚さ○mm、重さ○g

A）マイクロプロセッサーはコンピュータの頭脳です
B）コンピュータはマイクロプロセッサーで作動します

いずれも、A）の方がイメージしやすいと思います。**たとえ話は、体やスポーツ、日常生活から材料を拾ってみると、誰にでも分かるメッセージになります。**

オリジナリティを盛り込む

商品やサービスを紹介する、自己紹介をするなど何かをアピールするとき、**具体的にそのもののウリとなる性能や特徴（オリジナリティ）を盛り込むことで、より相手にインパクトを与えるメッセージになります。**

A）お客様に支持されている商品です
B）3年連続顧客満足度NO.1の商品です

A) 世界各国で導入されているシステムです
B) 世界のシンクタンクの約50%にご利用いただいているシステムです

A) 私は、言葉より行動を優先するタイプです
B) 私は、メキシコのことを知りたいなら、メキシコに行くタイプです

いずれも、B) の方が印象的ですので相手の心に残る可能性は高くなります。**約30秒という短い時間だけに、聞き慣れた言葉は聞き流されて終わることがほとんど**。できるだけ具体的なことやシーンに置き換えて相手にスムーズにイメージを伝えるようにしましょう。

エレベーター・スピーチ
文例集

文例はシチュエーション別にたっぷり100通り。
この文例集の、日本語の文章と英語の文章は、
言っていることが一致している訳ではありません。
日本語で言いたいことをそのまま英訳しても、
ネイティブには伝わりません。
最適な英語表現を文例として載せていますので、
日本語と英語のギャップを体験して、
エレベーター・スピーチのコツを覚えてください。

Chapter 2 エレベーター・スピーチ文例集

◎初対面の人に自分をアピールする

Scene 1　セミナー講師にアピール

❶ 株式会社タカオの真田と申します。
My name is Miki, and I work for the HR department of a software company.

❷ 先生の話をセミナー以外で聞けますか？
I'd like to introduce your model to my company.

❸ あれば、ぜひ紹介してください。
Is there a way to learn more about it, besides the seminar?

Advice!

❶ 自己紹介もファーストネームで。また、会社名を告げるよりも業種や職種などを告げる方がよいでしょう。

❷ Can I hear what you have to say anywhere besides the seminar? と質問すると、外国人講師はWhy?「なぜ？」と聞いてくるはずです。その前に理由を告げましょう。

❸ 理由を告げた後に「セミナー以外でもっと学べる方法はありますか？」と尋ねれば、スムーズに相手に伝わります。

Scene 2　参加した人が研修会講師にアピール

❶ 今日はありがとうございました。

I really learned a lot from the seminar today.

❷ 先生の話に共感しました。

Your model for improving creativity was great.

❸ 一度、事務所にお伺いしてよろしいですか。

Could I meet with you at your convenience and ask you about how I could use the model in my company?

Advice!

❶　Thanks for your lecture.でも特に問題はありませんが、「本日のセミナーでは大変多くのことを学ぶことができました」と言えば、講師はずっと喜んでくれるはずです。

❷　「創造力を伸ばす方法は素晴らしかったです」のように具体的な言葉の方が相手の心にひびきます。

❸　at your convenience「そちらのご都合のよいときに」というひと言を添えると、相手に合わせようとする気持ちが伝わり、印象がよくなります。

Chapter 2　エレベーター・スピーチ文例集

Scene 3　パーティー会場でアピール

❶　ABC社のプロジェクトではご一緒でしたね。

Hi, we worked together on the ABC project. I'm Suzuki.

❷　設計を担当させていただいた者です。

There's a new design project and maybe we can work on it together.

❸　今度、どこかでランチでもいかがですか。

Do you have time to talk about it over lunch this week?

Advice!

❶　過去の話であれば、I'm Suzuki.「鈴木です」のように自分の名前をすぐに述べましょう。万が一相手が名前を忘れている場合、恥をかかせないですみます。

❷　ビジネスシーンなら、昔話をするよりも、相手を動かす話をしましょう。「一緒に手がけられそうな新しいデザインプロジェクトがあるんです」のように相手が乗ってくるような話題を提供するのもよいでしょう。

❸　漠然とランチに誘うのではなく、「この件についてランチでも食べながらお話する時間はありますか?」と具体的な目的を告げて誘う方が相手は誘いに乗りやすいです。

Scene 4　自社の記念式典でアピール

❶　事業部の原田と申します。
I'm Kyoko, Kyoko Harada, and I specialize in marketing dairy products for ABC.

❷　御社に紹介したい商品があります。
Our R&D department has a new product.

❸　お伺いしてもよろしいでしょうか。
I'd like to get your opinion on it, and maybe you'd like to be the distributor.

Advice!

❶　日本人は社外の人に会社の部署を紹介する傾向がありますが、外部の人にはいまひとつ分かりにくいものです。むしろ、名前を告げた後に「ABCで日用品を売買しています」のように何をしているか説明すれば相手は興味を持ってくれるでしょう。
❷　「弊社の研究開発部には新製品があります」のようにnewをつけるだけでグッとアピールすることができます。
❸　「おそらく代理店になりたいと思われるのでは？」のひと言は、自分の事業に対する自信が感じられます。

Chapter 2　エレベーター・スピーチ文例集

Chapter 2　エレベーター・スピーチ文例集

Scene 5　上司に紹介された取引先でアピール

❶　Webデザインを担当している木村です。
Hi, I'm Shin, and I design leading-edge online shops.

❷　主に物販サイトを手掛けています。
A lot of our clients double their sales.

❸　Webのことなら、いつでもご相談ください。
If you'd like me to send you a proposal, let me know.

Advice!

❶　ただ「Webデザインをしています」ではあまり熱意も魅力も感じられません。「最先端のオンラインショップをデザインしています」のように自分の仕事の具体的なアピールポイントを入れましょう。

❷　仕事の内容は❶で紹介済みなので、ここはもう少し突っ込んで「弊社のクライアントの多くは売上を2倍に伸ばしています」のように実績を述べれば、営業となります。

❸　「Webのことなら、いつでもご相談ください」だと「便利屋さん」のように思われたり、他のデザイナーとの差別化を出すことができません。「もし私の企画案にご興味がありましたら、ぜひお知らせください」と言って、次のステップに進めましょう。

Scene 6 ランチミーティングでアピール

❶ 私の仕事はビジネスパートナー探しです。

I specialize in matching business partners.

❷ 興味があれば、いつでもご連絡ください。

I have a client that could be a great partner for you.

❸ いつか一緒にお仕事できるといいですね。

If you're interested, I'd love to introduce them to you.

Advice!

❶ 「私の仕事は」はMy job is...でOKですが、「ビジネスパートナー探しを得意としています」のようにI specialize in...の言い回しを使うことで、専門性をアピールすることができます。

❷ 「興味があればいつでもご連絡ください」よりも「御社と非常に合うと思われるクライアントがおります」と言えば、それはどこの会社だろうと興味を持つはずです。

❸ I'd love to work with you someday.「いつかご一緒したいですね」では相手にアピールできません。「もし、ご興味があれば、その会社をご紹介したいと思います」のように具体的に一歩進めてみましょう。

Chapter 2 エレベーター・スピーチ文例集

Scene 7　憧れの経営者に遭遇したときにアピール

❶　スミス社長は中東に興味があるそうですね。

Mr. Smith, you don't know me, but I heard you're interested in the Middle East.

❷　ドバイにいたことがあります。

I've worked in Dubai for three years and I know the fashion market.

❸　できればお役に立ちたいと思います。

I'd love to work with you and help you enter that market.

Advice!

❶　もし数秒間しかなければ、自分の名前よりも、できれば相手が関心を持つような話題を切り出した方がよいでしょう。

❷　ここで遠慮は無用。すぐに「ドバイにいたのでファッション市場をわかっています」のように自分の強みを伝えましょう。

❸　I'd love to work for you…でもよいのですが、for youには「あなたのもとで、あなたの指示に従って働きたい」のニュアンスがあります。ここをwith youにすることで「一緒に働きたい／共に汗を流したい」という気持ちを出せます。

Scene 8　打ち上げで関連会社にアピール

❶ 広告を担当しました佐藤です。
Hi, I'm Jun, Jun Sato, and I worked on the ad campaign.

❷ マニュアルの作成は苦労したそうですね。
You worked on the manual, didn't you? You did a great job.

❸ ぜひ一度、その話を聞かせてください。
Actually, I'd like to tell you about a new concept I have for manuals.

Advice!

❶　「担当する」はbe in chargeやbe responsible forなどが使えるフレーズですが、「役職／職責」を前面に押し出すイメージがあります。それよりもwork on「手がける」の方が、実際に働いたことを伝えられます。

❷　「マニュアルの作成は苦労されたそうですね」よりも「マニュアル作成を手がけていらしたのですよね。素晴らしいお仕事をなさいましたね」の方が相手を素直にほめていることになり相手へのアピール度も高くなります。

❸　相手に「苦労話を聞かせてください」と言うよりも、自分にはぜひお伝えしたいアイデアがあることを告げましょう。

Chapter 2　エレベーター・スピーチ文例集

Scene 9　紹介いただいた場所でアピール

❶　橋本先生にご紹介いただいた田中と申します。

Hello, I was introduced to you by Mr. Hashimoto, my favorite professor.

❷　就職の相談に乗っていただけるとお伺いしました。

He said that you're the best person to tell me about the publishing industry.

❸　出版業界に興味があります。

It's my dream to work in publishing.

Advice!

❶　ひと言 favoriteをつけ加えて「大好きな教授」と言えば、橋本先生へのほめ言葉になると同時に、自分が先生に信頼されている生徒であることを強調することにも繋がります。

❷　「教授より、出版業界についてお話しいただける最適な人と伺っています」という積極的な気持ちを表しましょう。

❸　「興味がある」をbe interested in the publishing industryとすると、日本語の「興味がある」よりもずっと熱意のない「出版業界で働いてもいいかな」程度の表現になってしまいます。自分の熱意や夢を告げるにはIt's my dream to...「〜するのが夢です」と言う方がアピール度がずっと高まります。

Scene 10 プロジェクトの顔合わせでアピール

❶ 今回のプロジェクトを担当いたします、中村です。

Hi, I'm Makoto Nakamura, but call me Mark. It's my honor to be in charge of this project.

❷ 納期はしっかり守ります。

We'll do our very best to finish on time.

❸ 安心してお任せください。

I'm sure everything will go smoothly.

Advice!

❶ 「担当します」と言うよりもIt's my honor to...「このプロジェクトを担当させていただき光栄です」が好感を持てます。

❷ We'll finish in time.には「楽に守れる」というニュアンスがあります。We'll do our best to...で「納期を守るために最善の努力をします」というスタンスをアピールできます。

❸ You can leave it to me.「私に任せてください」あるいはYou can trust me.「私を信用してください」は日本語から思い浮かぶ表現でしょうが、逆に怪しく聞こえる場合もあります。I'm sure everything will go smoothly.「すべて順調にいくと確信しています」の方が相手に安心感を与えます。

Chapter 2　エレベーター・スピーチ文例集

◎お客様にアピールする

Scene 11　飲食店店員がお客様に新商品をアピール

❶ 新しいメニューをご存知ですか？
Have you heard about the new item on our menu?

❷ お客様アンケートで第1位の商品です。
A survey showed it's our best dish yet.

❸ 一度、食べてみてください。
You might want to give it a try.

Advice!

❶ このような質問をすれば、相手は無視しにくくなります。
❸ You might want to...は「〜するといいでしょう」「〜してはいかがでしょうか」の意味で、ニュアンスとしては決して強くありませんが、相手のために提案するという温かさが感じられる表現です。

Scene 12　営業マンが取引先に新製品をアピール

❶　山中部長にお伝えしたいことがあります。
I have a great idea for you.

❷　テレビ会議なら業務の効率化を実現できます。
Teleconferencing can increase your efficiency.

❸　ご説明のためのお時間をいただけませんか？
Could I have a minute of your time to explain?

Advice!

❶-1　英語では相手を役職名で呼ぶことはありません。日本人にとってはなかなかハードルが高いですが、相手をすっきりyouで呼ぶことに慣れましょう。

❶-2　「お伝えしたいことが……」をI have something to tell you.で表すのもOKですが、悪い知らせを伝えるイメージがあります。相手が部下であればYou're fired.「（それで）君はクビだ」という言葉が続くかもしれないニュアンスです。

❶-3　後にfor youを加えると「あなただけに」のニュアンスになり、相手が聞いてくれる可能性は大きくなります。

Chapter 2　エレベーター・スピーチ文例集

Scene 13　宅配便ドライバーが新サービスをアピール

❶ 今日は新しいサービスのご案内です。

By the way, we have a great new service.

❷ 午前中の時間帯指定がさらに便利になります。

It's easier than ever now to specify a morning delivery time.

❸ ご不明な点は私宛までご連絡ください。

Let me know if I can answer any questions for you.

Advice!

❶　By the way...「ところで」と言うとつい相手は耳を傾けたくなるものです。日本語を忠実に訳すのであれば、I need to tell you about a great service we have. ですが、「〜したい」というよりも「〜しなければ」という気持ちが前面に出る言い方になります。

❸　「不明な点」を忠実に表そうとするのであれば、if there's anything you don't understandになりますが、それよりもif I can answer any questions for you.「何でもお答えしますよ」の方がポジティブな言い方になります。

Scene 14　営業マンが自社サービスをアピール

❶　グリーン部長にはいつもお世話になっています。
We really appreciate all Mr. Green has done for us.

❷　ぜひ弊社の販売網をフル活用してください。
I'd like you to know that you can use our full sales network.

❸　これからのジョイントベンチャーについて
　　お話しさせていただきたいと思います。
We'd like to talk with you about a possible joint venture.

Advice!

❶　ほめられて悪い気持ちになる人はいませんが、口先だけのほめ言葉は禁物です。

❷　I'd like you to know that you can...は、相手からの信頼を勝ち取るためによく使われる言い回しです。「絶対に大丈夫。できますよ」というニュアンスになります。

Chapter 2　エレベーター・スピーチ文例集

Scene 15　転職希望者が自分をアピール

❶ 私は、田中悟と申します。
Hi, I'm Satoru, Satoru Tanaka.

❷ 御社の中国進出のお役に立てると思います。
I can help you get into the China market.

❸ いつでもご連絡ください。
You can call me anytime.

Advice!

❶ 聞き慣れない外国人の名前を一度で聞きとるのは、誰にとっても難しいものです。名前と名字を区別するために、名前を二度言うのもよいでしょう。ゆっくりハッキリ発音することが大切です。

❷ I think をつけたいところですが、I can...で始める方が、インパクトもあり、自信が感じられます。

❸ Please call me anytime. でももちろんOKですが、You can call me anytime.の方が「待っています、ぜひ」という気持ちが表れています。anytime「いつでも」がポイントです。

Scene 16 ショップ店員がお客様に新店舗をアピール

❶ 駅前に「エコカフェ」をオープンしました。

Have you heard? We just opened the new Eco-Café in front of the station.

❷ 地元の新鮮食材だけを使っています。

We only use fresh local products.

❸ お気軽にお立ち寄りください。

Come by sometime!

Advice!

❶ 「オープンした」という情報にHave you heard...「ご存じでしたか？」のひと言を加えるだけで非常によいニュースを伝えるニュアンスになります。

❸ Come by sometime! で「お気軽に」の気持ちを十分伝えることができます。相手にとって楽しいことをすすめたり、提案する場合であれば、たとえ相手が目上の人やお客様であっても、Come by...のような命令文でOKです。

Chapter 2　エレベーター・スピーチ文例集

◎お客様に提案する

Scene 17　デザイナーがお客様にサイト案を提案

❶ 新しいサイトのアイデアが浮かびました。

I have an incredible idea for a new site design.

❷ オリジナルキャラクターを作りませんか？

What about making an original character?

❸ 来週なら時間がありますが、いかがでしょう。

I have time almost anytime next week.

Advice!

❶ 「よい」で思い浮かぶのがgood, nice, greatなどですが、ちょっと違った形容詞を使うとより効果的になります。incredibleは「信じられない」すなわち「途方もないほど素晴らしい」の意味で相手にはインパクトのある表現になります。

Scene 18　営業マンが取引先に販売戦略を提案

❶　東京出店の件、確定しましたか？

I heard you're thinking about a store in Tokyo, so...

❷　弊社の店とタイアップしませんか？

What about tying it into our store?

❸　詳細は弊社のプランナーが説明いたします。

Our planner has the details.

Advice!

❶　日本語に近いのが Have you decided on opening a store in Tokyo? ですが、このような質問の仕方は相手にきちんとした説明を求めているように聞こえ、相手の説明が長くなる可能性があります。I heard you're thinking...「〜と考えていると伺っています」であれば、話題の提供というニュアンスで効果的な響きがあります。

❸　Our planner can give you the details. のように、特に「詳細を説明する」という表現を入れる必要はありません。それよりも Our planner has the details. の方が、相手の反応を引き出せます。興味があれば、Why don't you come by and tell us about it?「ちょっと立ち寄って説明していただけますか？」のように言ってくる可能性がずっと高くなります。

Chapter 2　エレベーター・スピーチ文例集

Scene 19　コンサルがお客様に事業戦略を提案

❶ 今後の企業戦略のプランがまとまりました。
The strategic plan is ready.

❷ 不採算事業の縮小を第一に考えましょう。
Let's first shrink unprofitable businesses.

❸ 来週どこかで時間をとっていただけませんか？
Could you let me have 30 minutes of on Tuesday next week?

Advice!

❶　「企業戦略プラン」は当然今後のものです。「今後」を特に訳出する必要はありません。なるべく短く、的確な表現を使うことが大事です。

❸　ビジネスでは相手に予定を聞く場面では日時を絞って投げかけた方が、相手にとっても予定の調整が楽になります。ビジネスではできるだけ曖昧な表現を排除しましょう。

Scene 20 　店員がお客様にコーディネートを提案

❶ ネクタイ選びに迷われていますか？

There are a lot of ties, aren't there?

❷ グレーのスーツには茶系がおすすめです。

Brown goes great with gray suits.

❸ 他に何か気になるネクタイはありますか？

Are there any other ties you're thinking about?

Advice!

❶ 「迷われていますか」「お困りですか」などは、お客様によってはバカにされていると感じることもあります。「ネクタイって本当に多いですよね」すなわち「ネクタイ選びは大変ですよね」というニュアンスのこの表現がおすすめです。

❷ 「茶系はグレーのスーツによく合います」がすっきりした表現です。

❸ Are there any other ties you're thinking about? は相手に特にプレッシャーをかけない言い方で、お客様が望んでいることをうかがうのに役立つ表現です。

Chapter 2 エレベーター・スピーチ文例集

Scene 21　リーダーが取引先に進行を提案

❶　スミス部長、ABCプロジェクトの件ですが。

Roger, I've been thinking about the ABC project.

❷　時間を短縮するためにフェーズ3を先に進めてはどうでしょうか？

We could save time by moving ahead with Phase 3.

❸　本日の午後以降でお時間いただけませんか。

Could we talk about it this afternoon?

Advice!

❶-1　たとえ上司であっても、ファーストネームで呼び合うのがネイティブの流儀です。スミス部長のファーストネームがロジャーであれば、ロジャーで。社長であってもファーストネームで呼ぶのが普通です。

❶-2　「〜の件ですが」はAbout...よりもI've been thinking about...「〜のことをいろいろ考えてみたのですが」という言い方をする方が、相手は耳を傾けてくれるでしょう。

❷　We could save time/money by...「〜することで時間／経費を節約することができます」のような表現があると、フェーズ3を先行させることの利点が明確になります。

Scene 22　教授が投資家にアイデアを提案

❶ 昆虫の生態の研究を続けている菅原です。
Hi, I'm Sugawara, and I'm a professor. I study insects.

❷ 次世代エネルギーのヒントを発見しました。
From my research, I discovered a new energy.

❸ 興味があれば、研究室にご連絡ください。
If you can call my lab, I can tell you all about it.

Advice!

❷　自分の研究成果を述べるようなときには、少々大げさでもメッセージをハッキリ伝えることが大切です。インパクトが強くなればなるほど、うまく伝えられたということです。

❸　「もし、興味があれば〜」から If you're interested... と考えるかもしれませんが、この表現では「万一、興味がありましたら〜」に聞こえてしまいます。当然相手は興味を持っているという前提で、「研究室にご連絡くだされば、お話させていただきます」のように、話を進めていきましょう。

Chapter 2 エレベーター・スピーチ文例集

◎お客様に依頼する

Scene 23 バイヤーがメーカーに商品を依頼

❶ 強化したいラインナップがあります。

Good news. There's a product line we want to expand.

❷ アジアンテイストのアクセサリー類です。

Maybe you could help us expand our Asian accessories.

❸ 月末までに、ご連絡いただけませんか。

We need to decide by the end of this month, so give me a call.

Advice!

❶ Good news.のように、まずコンパクトな情報を伝えることで、相手の興味を、ぐっと引き寄せることができます。

❷ It's our Asian accessories.だけでも悪くはありませんが、「このアクセサリーの販路拡大に手を貸していただけませんか?」という相手にも利点のある情報を含めると印象がずっと違ってきます。また質問形式の表現はインパクトも大です。

❸ 相手に明確な期限を告げることもいいでしょう。もし相手に動きがなければ、他で話を進めることもできます。

COLUMN

相手の注意を引くひと言

ビジネスの場面では端的に分かりやすく情報を伝えることが鉄則です。まずは相手にコンパクトなひと言で、これから告げる情報に関心を持ってもらいましょう。

●よいお知らせ

(I have some) Great news!
素晴らしいお知らせです！

(I have some) Important news.
重大なお知らせです。

(I have some) Big news.
よいお知らせがあります。

※ Big news. は「よいお知らせ」の場合。「悪いお知らせ」にはあまり使いません。

●悪いお知らせ

(I have some) Sad news.
悲しいお知らせがあります。

(I have some) Disappointing news.
がっかりするお知らせです。

Chapter 2 エレベーター・スピーチ文例集

Scene 24　営業マンが受付に呼び出しを依頼

❶　ご挨拶させていただきたいのですが。
I'd just like to say hi.

❷　時間がおありでしょうか。
Does he have five minutes?

❸　もしむずかしいようなら、またお伺いします。
I can come back in an hour or so, or anytime tomorrow.

Advice!

I'd like to meet the president.「社長にお会いしたいのですが」と受付で申し出るとDo you have an appointment?「お約束はございますか？」と聞かれます。早々とNo.と言う前に、このように伝えられればチャンスも広がります。

❶　「ご挨拶をする」はsay hiでOKです。

❷　時間があるかどうかを問う場合、Does he have a little time?と言うこともできます。ただし、a little timeは人によって解釈がさまざまです。具体的な数字をあげれば、相手も安心するでしょうし、会ってもらえる可能性も広がるはずです。

❸　I can come back.と言うこともできますが、「1時間後、あるいは明日であればいつでも」のような具体的な情報を加えることであなたの熱心さが伝わります。

Scene 25　弁護士が依頼人に準備するものを依頼

❶ 次回までに準備してほしいものがあります。

I need to ask you to prepare something before our next meeting.

❷ トラブル状況を書面にまとめてください。

Can you write up a report on the problem?

❸ 完成したら事務所に連絡ください。

And could you call my office as soon as it's ready?

Advice!

❶　希望を伝える場合の表現としてはI'd like to...などもありますが、重要な用件を伝える場合に、こちらの意図をうまく表現できるのがI need to...です。

❷　Please write up a report. でも大丈夫ですが、Could you...? やCan you...?のような疑問文の方がよく使われます。Could you...? は丁寧で万能な依頼の表現ですが、「必死さ」を伝えたいのであれば、Can you...?の方がわかりやすいでしょう。相手は「できますか、できないですか?」と聞かれているような気になるはずです。

Chapter 2 エレベーター・スピーチ文例集

Scene 26 営業マンが取引先に取締役の同席を依頼

❶ 次回の商談時のお願いです。
Could you do me a favor?

❷ 岡田取締役の同席をお願いできますか？
Is it possible to have Mr. Okada come to our next meeting?

❸ 日程調整ができましたら、ご連絡ください。
Let me know when's convenient. I can arrange my schedule around yours.

Advice!

❶ I have a favor to ask. では、ややインパクトが弱く感じられます。Could you do me a big favor?を耳にすると、ネイティブは自動的にsure. と答えるでしょう。

❷ 岡田取締役であればMr. OkadaあるいはOkada-sanになります。to have Mr. Okada comeは「岡田さんに来てもらう」ということ。

❸ After you've arranged a date and time, please contact me.は上から目線と感じられる可能性があります。Let me know when's convenient.「ご都合のよろしい時間をお知らせください」の方が、相手を大切に思う気持ちが伝わります。

— 74 —

Scene 27　飲食店店員がお客様にアンケートを依頼

❶ 本日はありがとうございました。
Thanks for coming today.

❷ 特典付きアンケートはいかがですか?
**If you fill this out,
I can give you this.**

❸ １分ですみますのでよろしくお願いします。
It'll take less than a minute.

Advice!

❷　「特典付きアンケート」をa survey that comes with a special prizeのように曖昧に表現するよりも、「もし書いていただけましたら、こちらをさしあげます」と具体的に景品などを見せる方が相手の関心を引くには効果的でしょう。

❸　…a minuteを…less than a minutes にすることで「１分はかからないでしょう」と必要とする時間が短いイメージを与えるため、相手の気持ちのハードルがグッと下がるはずです。また１分以上かかる場合でもmore than a minute よりもless than two minutesの方がより受け入れやすくなります。

Chapter 2　エレベーター・スピーチ文例集

Chapter 2　エレベーター・スピーチ文例集

Scene 28　営業マンが取引先に進行表を依頼

❶ 先日はどうもありがとうございました。

Thanks for coming to our office the other day.

❷ 進行表を送っていただけませんか？

Do you think you'll be able to send me a progress report?

❸ 今日の夕方までにいただけるとうれしいです。

I really need it by 4:15 today, if possible.

Advice!

❶　ネイティブの場合、お礼は具体的な事柄に対して言うのが普通なので、曖昧な言い方は社交辞令に聞こえてしまいます。Thanks for coming...のように具体例を挙げる方がよいでしょう。

❷　ビジネスで依頼をする場合の表現はCould you...? Would you...? などがありますが、Do you think you'll be able to...?「～できると思いますか？」は相手に真剣に考えてもらえる表現です。覚えておきましょう。

❸　時間などはより具体的に述べる方が効果的です。

◎お客様に伝える

Scene 29　営業マンが秘書に面談希望を伝える

❶　大塚と申します。ABCレストランから参りました。

My name is Otsuka, that's O-T-S-...U-K-A, and I represent ABC Restaurants.

❷　月、木、金のどこの時間でも大丈夫です。

Anytime on Monday, Thursday or Friday is fine.

❸　ご連絡お待ちしております。

I'll be looking forward to your call.

Advice!

❶　わかりにくい名前などを相手に誤解のないように伝えるためには、3文字ずつ区切っていうのがコツです。これは数字を言う場合にもあてはまります。

❷　Anytime is fine.でも間違いではありませんが、ビジネスの現場にいる人間として、予定が全然入っていないと思われるのはあまりよいことではありません。ある程度の忙しさは見せておくべきでしょう。

Chapter 2　エレベーター・スピーチ文例集

Scene 30　営業マンが取引先にイベント案内を伝える

❶ 弊社のイベントを15〜18日に開催します。

Our event starts on the 15th and ends on the 18th.

❷ 時間短縮につながる新製品のブースもご覧いただけます。

You can see our new time-saving products at our booth.

❸ お時間があれば、ぜひ足を運んでください。

I look forward to seeing you there.

Advice!

❶ 「弊社」はwe, our..., usで。逆に「御社」であれば、you, your..., youで表します。「15日〜18日」はいろいろな言い方がありますが、start on...and end on...は一番誤解がなくわかりやすい表現になります。

❷ 相手の興味を引くには、「時間短縮につながる新製品〜」のように内容を具体的に言うことがポイントです。

❸ If you have time, I hope to see you there. では、相手に行く気にさせるにはそれほど効果的ではありません。I look forward to...は相手が来ることを前提にした表現ですが、プレッシャーを感じさせることもない言い回しになります。

Scene 31　球場スタッフがお客様に中止を伝える

❶　お待たせして申し訳ありません。
Thank you for waiting.

❷　本日のイベントの中止が決定いたしました。
I'm afraid we had to cancel the event.

❸　チケットの払い戻しはA窓口で行います。
You can get your money back at Window A, of course.

Advice!

❶　「お待たせして申し訳ありません」はSorry to keep you waiting. のようなお詫びの言葉よりもThank you for waiting. 「お待ちいただきありがとうございました」の感謝の言葉の方がずっと前向きなニュアンスになります。

❷　Today's event has been canceled. は日本語に近い表現ですが、We had to...のようにhave to...を使うことで「中止にしたくはなかったのですが、中止せざるをえませんでした」という意味合いが表現できます。

❸　...of course. を加えることで「もちろん、そうさせていただきます」の響きが出ます。

Chapter 2 エレベーター・スピーチ文例集

Scene 32 ツアコンがお客様に予定を伝える

❶ 今日は午後から伊豆神社です。
We get to go to Izu Shrine in the afternoon.

❷ 午後1時までにロビーに集合してください。
Let's meet in the lobby at 1:00.

❸ 時間厳守でお願いします。
If you're late, you can go by taxi.

Advice!

❶ We're going to go to...「～に行くことになっている」。これは単に予定を告げる言い回しです。一方 We get to go to...は We get the opportunity to go to...の略で「素晴らしい機会がある」ことをアピールする表現になります。

❷ Please...は命令文を丁寧にしたものですが、命令文であることに変わりはありません。それよりも Let's...「～しましょう」の方がソフトな言い回しになります。

❸ 「時間厳守でお願いします」は状況によってさまざまな表現ができます。先生が生徒に言うのであれば Don't be late. お客様であれば、「時間通りに集まれない場合はタクシーでも行けますよ」のように遅刻したときの選択肢を示すのもよいでしょう。

Scene 33　イベントスタッフがスポンサーに状況を伝える

❶　野村社長にお伝えします。
I have some good news.

❷　すでにお客様は満員になりました。
The hall is already full.

❸　予定通り13時からのスタートになります。
We can start at 1:00 without any problems.

Advice!

❶　❷の「すでにホールが満員になっている」というよいニュースを伝えるための言い回しなので、I have some good news. となっています。これで相手の関心を引くことができるでしょう。

❷　already fullは「この早い段階で」という意味合いがあります。すなわち「思ったより早く満員になりました」のニュアンスがあります。

❸　「予定通り」はas plannedでもOKですが、without any problems「何の問題もなく」であれば相手にはより安心感を与えることができるでしょう。

Chapter 2 エレベーター・スピーチ文例集

◎お客様に謝る

Scene 34　営業マンが取引先にお断りを入れる

❶ 上司に値段の割引のことで相談しました。
I had a good long talk with my boss about the discount.

❷ 今回はお受けできないようで。
I'm afraid he said it's just not possible.

❸ 申し訳ありませんが、今回のお話はなかったことにしてください。
But he did say we could try again in three months.

Advice!

❶ have a good long talkには「相手を必死に説得しようとする」というニュアンスを含んでいます。

❷ It's not possible.であれば「無理です」のニュアンスですが、It's just not possible.であれば、「いろいろな方策を探ったのですが、どうしてもお受けできません」という響きがあり、相手に敬意を払う言い回しです。「でも3ヵ月もすれば再度話し合うことができるだろうと申しております」のように前向きな言葉で締めくくることも必要です。

Scene 35　営業マンが取引先に契約書不備を謝る

❶　先日の契約書の件、ご迷惑おかけしました。
I'm sorry about the contract mistake.

❷　明日には修正した契約書をお持ちいたします。
I can take the revised contact to your office tomorrow afternoon.

❸　午後、どこかで30分いただけませんか？
Do you have about 30 minutes anytime in the afternoon?

Advice!

❶　I'm sorry about the other day. のような曖昧な表現ではなく、何に対してお詫びをしているのかを明確にしましょう。

❷　I'm going to take...「〜を持っていくことにします」だと「相手の都合に関係なく〜する」というニュアンスがあり、強引に感じられるかもしれません。I can take...であれば「もしそれでご都合がよろしければ」という含みがあり、相手への配慮を感じさせる言い回しになります。

❸　What's your schedule tomorrow? と言うと「明日のスケジュールをすべて教えてください」というイメージに取られがちです。具体的な時間を示すことがとても重要なことです。

Chapter 2 エレベーター・スピーチ文例集

Scene 36 店員がお客様にオーダーミスを謝る

❶ 申し訳ありませんでした。
Oh, I'm afraid I've made a mistake.

❷ ご注文はカレーでございますね。
You ordered curry, didn't you?

❸ すぐにお持ちいたします。
I'll bring it right away.

Advice!

❶ I'm sorry.はお詫びの定番ですが、言い方によっては誠意を上手に伝えられません。I'm afraid I've...の方がより「申し訳ない」の気持ちを表すことができます。またOh,をつけることで、「とにかく謝っておこう」という気持ちではなく、心からの謝罪を伝えることができます。

❸ すぐに用意できない場合は、If you could wait, we'll make it right away. Would you like another drink while you wait?「もしお待ちいただけるのであれば、すぐにご用意いたします。お待ちになっている間に飲み物はいかがですか？」程度のサービスの用意があることを伝えたいものです。

> **Scene 37** 営業マンが取引先に納品遅れを謝る

❶ Aの件、お待たせしております。

I looked into the reason for the delay of your order.

❷ 運送状況に遅れが発生しております。

The plane couldn't take off because of bad weather in Kobe.

❸ 本日午後5時には到着する予定です。

The plane has left and will arrive at 4:55, local time.

Advice!

❶ 予定が遅れたり、相手に不都合が生じた場合には、日本語としては十分な理由であっても、英語の場合は今の状況を正確に伝え、今後どのような予定になるのかを相手に知らせることでこちらの誠意ある対応を見せることができると考えます。

❷ 「神戸が悪天候のため、飛行機が離陸できません」のような具体的な理由も必要です。

❸ 日本ではよく24時制（たとえば、19時、21時など）を使いますが、英語では軍隊など特殊な状況でしか使いません。今出発したのであれば、4時55分が午後であるか、午前であるかは当然わかるはずであるとネイティブは考えます。

Chapter 2　エレベーター・スピーチ文例集

Scene 38　倉庫スタッフが取引先に欠品を謝る

❶ Bの在庫ですが、現在倉庫にもありません。

I checked the warehouse myself and we're out of stock.

❷ あと2週間お待ちいただけますか？

If you'd like, we could hurry and have it in stock by August 19.

❸ ご用意できたらすぐに連絡いたします。

I'll call you as soon as we get it.

Advice!

❶ We're out of stock. では現状を述べているだけです。「自分で倉庫を探してみましたが、残念ながら…」の気持ちを伝えることで相手へのアピールになります。

❷ It would take two weeks to get in stock. にすると、事実を伝えているだけで、場合によっては面倒がっているニュアンスが出てしまいます。If you'd like...「よろしければ、取り急ぎまして8月19日までに用意いたします」であれば、こちらの努力を伝え、なおかつ日にちの指定をすることで相手に安心感を与えることができます。

◎お客様に説明する

Scene 39　販売員がお客様にテレビ操作を説明

❶　テレビの操作はリモコンですべてできます。
Most people find it easy to use.

❷　操作方法をお見せしましょうか？
The manual is easy to understand, but would you like a demonstration?

❸　他にお聞きになりたいことはございますか？
Please let me know if you have any more questions.

Advice!

❶　It's easy.「簡単です」は個人個人の受け取り方に差があります。「ほとんどの方が簡単だと感じます」と答える方が、相対的であるばかりでなく、ずっと誠意のある言い方になります。

❷　「マニュアルはわかりやすいですが、操作方法をごらんになりたいですか?」は親切な言葉です。

❸　Do you want to ask anything else?と質問すると、つい No, that's okay.と答えてしまう人が多いはずです。「もしお聞きになりたいことがございましたら、いつでもどうぞ」の方が、ずっと心遣いが感じられます。

Chapter 2 エレベーター・スピーチ文例集

Scene 40 営業マンが取引先に打ち合わせ概要を説明

❶ 来週月曜日の打ち合わせの件です。

I'm looking forward to our meeting on Monday.

❷ 前半は進捗状況、後半は予算になります。

Maybe we could talk about our progress in the first half and budget in the second half.

❸ 変更があれば金曜日までにご連絡ください。

There's still time to change this, if you could let me know by Friday.

Advice!

❶ About the meeting on Monday...と言うよりも「楽しみにしていますが」と伝えてから本題に入れば次の話をスムーズに切り出すことができます。

❷ Maybe we could...は「〜したらどうでしょうか」という提案表現です。

❸ まだ時間があります(There's still time...)」と伝えることで相手が変更しやすくなります。

Scene 41　飲食店店員がお客様に食べ方を説明

❶　ひつまぶしは初めてですか？

**If you haven't had this before...
there's a trick to it.**

---

❷　3種類の食べ方でお召し上がりください。

You can eat it three different ways.

---

❸　わからなければ、お声をかけてください。

**If you need anything at all,
let me know.**

Advice!

❶　Have you had hitsu-mabushi before?は、やや直接的な問いかけになっています。Yes, No を答えさせるよりも「もし以前にお召し上がりになったことがないのであれば…ちょっとしたコツがあるんですよ」と言えばずっとソフトになります。

❷　There are three different ways to eat it.「3種類の召し上がり方があります」と淡々と事実を述べるよりも、You can...「〜できるんですよ」と言われた方が、初めて食べるものに対する安心感やワクワク感が生まれます。

❸　If you don't understand something,「何かわからないのであれば」よりも If you need anything at all,「何かありましたら」の方がずっとフレンドリーな感じがします。

Chapter 2　エレベーター・スピーチ文例集

Scene 42　ディレクターが取引先にサイトを説明

❶　今回はユーザー登録がずっと楽になりました。
This renewal made it even easier to register.

❷　個人ページも作れるようになりました。
Another big change is that you can make your own page.

❸　アンダーソンさんも、ぜひ使ってみてください。
Give it a try. It'll just take a second.

Advice!

❶　「今回は」は「今回のリニューアル」のこと。

❷　You can make your own page.だと事実だけ。その前にAnother big change is that...「もうひとつの大きな違いは〜です」を加えるだけで、情報の価値がずっと上がります。「個々のユーザーは〜」をEach userと表してもOKですが、英語のyouは「あなた」だけでなく、幅広い相手を表わすことができます。この場合のyouは「(あなたを含めた) 一般のユーザー」のことですが、直接相手に語りかける雰囲気があります。

❸　Give it a try. にIt'll just take a second.「ほんのわずかな時間しかかかりませんよ」を加えると、簡単であること、すなわち「使いやすい」ことを強調できます。

Scene 43　営業マンが取引先にプレゼン概要を説明

❶　プロジェクトCのメリットは3点あります。

Project C has three advantages.

❷　低価格、高い生産性、環境保全です。

First, the low cost. Second, high productivity. And third, it's good for the environment.

❸　詳細は、1週間後にお伝えします。

I can send you the details by October 12.

Advice!

❶　「〜は3点あります」をThere are three advantages to using Project C.でも間違いではありませんが、インパクトに欠けます。Project C has...のように主語を「プロジェクトC」にする方がよい印象を与えます。なお、There are...は曖昧な印象を与えますので、多用は避けましょう。

❷　3点あるなら、First, Second, Third...のように、順を追って説明すれば、相手への定着率はぐっとよくなるはずです。

❸　a week from now「1週間後」でもいいのですが、期待している相手なら正確な情報を提供するために具体的な日時などを指定すると好印象になるでしょう。

Chapter 2 エレベーター・スピーチ文例集

Scene 44　ADが役者にスケジュールを説明

❶　リンダ様、お疲れさまです。

Hi, Linda. How are you doing?

❷　リンダ様のスタジオ入りは17時です。

We need you to be ready at 5:00, so could you get there by at least 4:45?

❸　時間が来たら呼びにまいります。

If you could be in the waiting room, I'll get you when we're ready.

Advice!

❶　日本のビジネスの現場ではよく耳にする「お疲れさまです」ですが、英語ではそれに対応する表現はありません。How are you doing?「ご機嫌いかが？」が近い表現でしょう。

❷　You need to be ready at 5:00.は訳としてはOKですが、we need you to be...の方が相手にお願いしている印象があります。

❸　「時間が来たら呼びにまいります」もネイティブにとっては曖昧。たとえば「控室にいてくれたら、準備が整いしだい呼びにまいります」のように説明をすると曖昧さが薄れます。

◎お客様に質問する

Scene 45 営業マンが取引先に契約書の件で質問

❶ 契約書の件でお聞きしたいことがあります。
I'd like to verify one thing on the contract.

❷ 案件名はFメディアでよろしいですか？
I think you told me at Friday meeting that the title should be "F Media."

❸ 間違いがなければ、契約書を作成します。
If you're okay with that, I'll make a draft of the contract.

Advice!

❷ 「いつ／どこで話し合ったか」をきちんと述べると、より正確に伝わります。「『金曜日の打ち合わせで、タイトルはFメディアでとおっしゃったと思いましたが』のように」。

❸ 「間違い」mistakeは、なるべく避けたいネガティブな表現です。「もし、それでよろしければ」if you're okay with that...の方がずっと前向きな表現になります。

Chapter 2　エレベーター・スピーチ文例集

Scene 46　販促スタッフがお客様に試食の件で質問

❶　ご試食、ありがとうございます。
Thanks for your time.

❷　食べてみた感想を教えていただけますか？
If you could give us your feedback, it would really help.

❸　貴重なご意見、ありがとうございました。
That's for helping us out.

Advice!

❶　感謝の気持ちはすっきり述べたいものです。Thanks for your time. であればThanks for taking the time to taste this. の省略に聞こえ、社交辞令ではない誠意あるお礼になります。

❷　If you could...「もし、〜してくださったら」it would really help「とても助かります」は英語でよく使われる表現のひとつで、何かをお願いするときには非常に謙虚に聞こえます。

❸　That's for helping us out.は「大変助かりました。ありがとうございます」の意味。Thanks for helping us out of a bad situation.「困った状況から助けていただきありがとうございました」に近い表現になります。

Scene 47　ツアーコンダクターがお客様に予定を質問

❶　今日はお疲れさまでした。

I hope you all had a good day today.

❷　明日、行きたい場所があればご連絡ください。

The schedule is flexible tomorrow, so let me know if you have any ideas.

❸　今日の夜 9 時まで、お待ちしております。

If you could let me know before 9:00, it should be okay.

Advice!

❶　この場合の「今日はお疲れさまでした」は深い意味のない単なる挨拶と考えられます。英語であればThank you.ですませてもかまいませんがI hope you all had a good day today.なら社交辞令ではなく、丁寧な気遣いのことばになります。

❷　ネイティブに遠慮がないというのは間違いです。行きたい場所があったとしても、なかなか言えるものではありません。The schedule is flexible tomorrow.「明日の予定は変えられます」と言って相手の本音を引き出してあげましょう。

❸　by 9:00 でもOKですがbefore 9:00「9時前に知らせてくだされば大丈夫でしょう」の方が明確になります。

Chapter 2　エレベーター・スピーチ文例集

Scene 48　営業マンが取引先に打ち上げの件で質問

❶　ロバーツ部長、今度立ち上げパーティーをしたいと思っております。
Mike, we'd like to invite you to a launch party on Friday.

❷　苦手なものはございますか？
Is there anything you'd like to avoid?

❸　銀座で寿司を食べる予定ですが。
We're thinking about sushi in Ginza.

Advice!

❶　マイク・ロバーツ部長であれば、ファーストネームのマイク。
❷　anything you don't like「好きでないもの」なら味だけの問題になりますが、anything you'd like to avoid「避けたいもの」であれば健康状態、宗教などの理由などを含みます。
❸　We're going to have sushi in Ginza.であるとすでにスケジュールが決まっていて、予約もすんでいるように聞こえます。We're thinking about...「することを考えています」であれば、相手の希望を受け入れる意思表示にもなります。

◎お客様にお断りする

Scene 49 営業マンが取引先にコンペ参加を断る

❶ 大変申し訳ないのですが……。
I need to talk to you about something.

❷ コンペですが、今回は辞退させてください
We've gave it a lot of thought and decided not to submit a bid this time.

❸ 社内調整がつかず、申し訳ございません。
We don't feel we'd be able to do a perfect job.

Advice!

❶ I need to talk to you about something. には「悪い知らせがあります」の含みがあります。

❷ 結論を言う前にWe've gave it a lot of thought.「いろいろ悩んだ末に」をつけることで今回の辞退が簡単な決断ではなかったことがわかります。

❸ We don't feel...「完璧な仕事をできるようには思えません」と言うことでこちらの真摯な気持ちが伝わります。

Chapter 2 エレベーター・スピーチ文例集

Scene 50　Webデザイナーが取引先に受注を断る

❶　もろもろの事情で今回はお断りさせてください。

We need to decline. We just don't have time to meet the deadline.

❷　次回は優先して受けさせていただきます。

We'll give our highest priority to the next project.

❸　たいへん申し訳ありません。

I hope it doesn't cause too much of an inconvenience.

Advice!

❶　「断る」をrefuseにすると強いニュアンスがあります。declineは「遠慮する」の意味でソフトな響きがあります。たとえば、We just don't have time to meet the deadline.「納期までには時間がありません」のような理由を伝えれば、納期を延ばすなどの処置を講じてくれる可能性もあります。

❸　お詫びは状況に合った表現を選びましょう。この場合であればI hope it doesn't cause too much of an inconvenience.「(迷惑になるとは思いますが)あまり大きな迷惑にならなければよいのですが」は、とても丁寧な言い方になります。

Scene 51 ショップ店員がお客様に販売を断る

❶ まだ入荷していないので本日お渡しすることはできかねます。

I'm afraid we don't have that yet.

❷ 来週木曜日には届く予定です。

We expect it to arrive on Thursday.

❸ 入荷したらご連絡いたします。

If you'd like, I can call you when it gets here.

Advice!

❶ I can't give you that.だけだと「持っているけど渡せない」という意味になってしまいます。We don't have...であれば「今ここにはない（ので）」という言い方になります。

❷ 「来週」という曖昧な表現ではなく「木曜日」などのように具体的に言いましょう。

❸ 「よろしければ、入荷しましたらご連絡いたします」と言えば本当のサービスが提供できます。商品が入荷したら、The item you wanted has arrived. Would you like me to hold one for you?「商品が届きました。ひとつとっておきましょうか」と弾むように言えば、お客様はお店のファンになるでしょう。

Chapter 2　エレベーター・スピーチ文例集

Scene 52　営業マンが取引先に打ち合わせを断る

❶ マイクから連絡を受けた件です。

Mike called me about a meeting tomorrow.

❷ 本日午後は時間の都合がつきません。

I'm afraid I have an appointment I can't change.

❸ 調整して1時間以内にこちらから連絡いたします。

Let me e-mail you some times for you to choose from within an hour.

Advice!

❶　日本語では「〜の件」という言葉をよく使います。しかし、matter, issue のような「件」は避けたい言葉です。人それぞれ思い描いている「件」を確かめないで、話を進めていけば大変なことになります。「マイクが今日か明日かの打ち合わせのことで電話してきました」と言えばハッキリします。

❷　「申し訳ありませんが、どうしても変更できない約束があります」は好印象を与えるひと言です。

❸　「1時間以内に、お選びいただける時間をeメールします」と相手が選べるように、いくつかの時間を知らせておけば、次に会える可能性が広がるでしょう。

◎お客様に紹介する

Scene 53　バイヤーが商社マンに人を紹介

❶　ウエストさんに紹介したい人がいます。
I'd like to introduce you to a good friend of mine.

❷　全国で店舗展開している井上さんです。
He's a buyer for a nationwide chain of stores.

❸　後日、井上さんから連絡差し上げます。
His name is Inoue. I'll have him e-mail you.
Can I give him your e-mail address?

Advice!

❶　a good friend of mineには「信頼できる人」の響きがあります。someoneではそのあたりのニュアンスが出ません。
❸　このように第三者を紹介する場合にはルールがあります。第三者に連絡先を教える場合は、必ず当人の許可をとりましょう。「後日彼に連絡をとってもらいます。メールアドレスを教えてもいいですか？」であれば完璧です。

Chapter 2　エレベーター・スピーチ文例集

Scene 54　営業マンが取引先に協力会社を紹介

❶ 紹介したい人材育成会社があります。
I'd like to put you in contact with a training company.

❷ グローバル人材を専門にしている会社です。
They focus on global-minded people.

❸ 一度お伺いしてもよろしいでしょうか。
Could you make time on Monday or Tuesday to meet with them?

Advice!

❶ I'd like to introduce you to...の他にI'd like to put you in contact with...もよく使われます。
❷ 「グローバル人材」はglobal peopleではなくglobal-minded people
❸ 日本語では「一度」を多用する傾向にあります。そのまま英語に直してmeet with... one timeと言うとかなり具体的なニュアンスを持ちます。あまり意味のないことをわざわざ言うと混乱につながる場合もあります。ここでも日時はある程度具体的に提示しましょう。また誰が伺うのかもハッキリ伝えておくことです。

Scene 55 ディレクターが取引先にデザイナーを紹介

❶ 弊社のデザイナー、塚本です。

I have to introduce you to our designer, Mariko, Mariko Tsukamoto.

❷ 前回のポスターも塚本が担当したものです。

She's the one that made our poster for the ABC event.

❸ 今後ともよろしくお願いします。

If there's any graphic work she could do for you, please let us know.

Advice!

❶ この場合のhave to...は「このように素晴らしい人をご紹介せざるをえないでしょう」というニュアンスです。また英語で人を紹介するときは、きちんとファーストネームもつけましょう。

❷ 「この素晴らしいポスター」が真意であるならShe's the one who...「彼女は〜をしたまさにその人なんです」と言えば彼女の素晴らしさがきちんと伝えられます。

❸ 「今後ともよろしくお願いします」のような言い回しは英語にはありません。このような場合は「彼女がお役に立てるグラフィックデザインがありましたら、お知らせください」のように仕事につながるような具体的な言葉を使いましょう。

Chapter 2 エレベーター・スピーチ文例集

Scene 56　コーディネーターが取引先に雑貨店を紹介

❶　探していた雑貨ショップが見つかりました。
You'll be happy to know that I found the shop you were looking for.

❷　下北沢にある小さなところです。
It's a little place in Shimokitazawa.

❸　所在地は、17時までにメールしておきます。
Let me e-mail you the address by 5:00 today.

Advice!

❶　I found the shop you were looking for.「探してらしたお店が見つかりました」でも情報は十分伝わっていますが、ネイティブはこのような場でも、You'll be happy to know that...「〜を知ったら喜ばれると思いますが」のようなひと言を加えます。「嬉しいことがありました」、「よかったですね」と一緒に喜ぶニュアンスがあります。

❸　sometime today「今日中に」という表現をよく使いますが、by 5:00「5時までに」のような具体的な情報にするだけで、相手の安心感がぐっと増します。Let me...は「〜させてください」の意味もありますが、この場合は「〜しましょうね」のフレンドリーな言い回しになります。

◎お客様に確認する

> **Scene 57** 営業マンが取引先の支払いサイトを確認

❶ 支払いサイトを確認させてください。
Let's go over the payment site together.

❷ 翌々月末お支払いで間違いありませんか？
Payment is due 60 days after invoice, is that right?

❸ それでは7月末入金よろしくお願いします。
So we'll be looking forward to receiving the payment by July 31.

Advice!

❷ 日本語では「翌々月末お支払い」のような言い方をしますが、アメリカではあまり使わない表現です。そのまま英語に訳すのであればPayment is due on the last day of the second month following the month when an order is placed.となりますが、このような言い方であると、今日が何日であるかによって大きな差を生む可能性があります。

❸ このような場合にもwe'll be looking forward to...「〜を楽しみにしております」の言い回しが役立ちます。

COLUMN

海外でよく使う支払い条件の書き方

PIA Payment in advance
前払い

Net 7 Payment seven days after invoice date
請求日より7日後

Net 10 Payment ten days after invoice date
請求日より10日後

Net 30 Payment 30 days after invoice date
請求日より30日後

Net 60 Payment 60 days after invoice date
請求日より60日後

Net 90 Payment 90 days after invoice date
請求日より90日後

EOM End of month
月末

21 MFI 21st of the month following invoice date
請求日の次の21日

1% 10 Net 30 1% discount if payment received within ten days otherwise payment 30 days after invoice date
10日以内に支払いの場合は1パーセント割引き
あるいは請求日より30日後

COD Cash on delivery 代金引換払い(着払い)

CND Cash next delivery 次回配送のときに現金払い

CBS Cash before shipment 発送前に現金で前払い

CIA Cash in advance 現金で前払い

CWO Cash with order 注文時に現金払い

Scene 58　飲食店店員がお客様にオーダーを確認

❶ お食事中のところ、失礼いたします。
Sorry, but...

❷ ご注文いただいた料理はおそろいですか。
Can I get you anything else?

❸ 何かあれば声をかけてください。
Please let me know if you need anything at all.

Advice!

❶ I'm sorry to interrupt you during your meal, but...は日本語に近い言い回しですが、長いと感じたり、大げさだと感じるお客様もいるかもしれません。オーダーをとる場合、飲食店スタッフは、なるべく短く話しかけるのがポイントです。お客様の受け答えがフレンドリーであれば、こちらもフレンドリーに。

❷ Can I get you anything else?「何か他にございますか？」の代わりにDo you have everything you need?「すべておそろいですか」もOKです。

❸ Please let me know if you need anything. でも十分ですが、at all を加えると「少しでも／何でもよろしいですので」とよりフレンドリーさをアピールする言い回しになります。

Chapter 2　エレベーター・スピーチ文例集

Scene 59　銀行マンがお客様に実行日を確認

❶　アンダーソン社長、最終確認になります。
Steve, I need to check just one final thing.

❷　融資実行日は3月31日になります。
The loan execution date is March 31.

❸　よろしければ契約書に印鑑をお願いします。
If you're comfortable with everything, please sign and return the contract.

Advice!

❶　「確認する」にはconfirmもありますが、会話ではcheck one final thingと言うのが一般的です。

❸　「よろしければ」にはいろいろな訳語が考えられますが、If you feel comfortable with everythingには「色々な条件にご納得頂ければ／質問や疑問がなければ（署名してご返送ください）」という響きがありますので、相手へプレッシャーをかけたくない場合には便利な言い回しです。

Scene 60 工場長が取引先にスケジュールを確認

❶ ハンソン課長、納品スケジュールの確認です。

Linda, I'd like to go over the delivery schedule with you.

❷ 最終納品は来月20日でよろしいですか。

My understanding is that the final delivery will be on August 20. Is that correct?

❸ その予定で生産させていただきます。

Okay, we'll start production based on this schedule.

Advice!

❶ 「確認する」をverifyにすると「まだ確定していない/未定」と思われます。そうでない場合ならverifyを避けてgo over... with ～「～と…を確認したい」を使う方がよいでしょう。

❷ My understanding is that... Is that correct? は「私は～と理解していますが、それでよろしいでしょうか?」の意味。Is that right?は「これでいいかな?」というニュアンスの軽い表現。Is that correct? の方が相手からより真剣な答えが期待できる言い回しです。

Chapter 2 エレベーター・スピーチ文例集

◎上司に伝える

Scene 61　営業マンが上司に進捗状況を伝える

❶ オカナー部長、Sプロジェクトの件です。

Sally, let me update you on the S Project.

❷ 予定通り、明日からフェーズ3に着手します。

We're going to start Phase 3, just as planned. Everyone on the team has worked really hard.

❸ 進捗状況は、来週金曜日に再度連絡します。

I'll give you another update on Friday next week.

Advice!

❶ updateには「最新情報（を与える）」のように名詞と動詞の両方あります。Let me give you an update. あるいはLet me update you.と二通りの言い方ができますが、ネイティブは動詞として使ったストレートな文を好む傾向にあります。

❷ 進捗状況を報告する時、チームのスタッフをねぎらうひと言をそえると、気づかいのできる人だとアピールできます。

Scene 62　スタッフが店長にミーティング日程を伝える

❶　カリンス店長、3日後のミーティングの件です。

Hi, Mark. We have a branch meeting coming up on August 12, you know.

❷　第3会議室で、13時からスタートです。

I wanted to let you know that it'll be in Room 3 and start at 1:00 sharp.

❸　出席できない場合は早めに連絡ください。

If something comes up you can't come, please let me know as soon as possible.

Advice!

❶　「〜の件」は意外に訳しにくいもの。About the branch meeting...でもOKですが、you know「ご存じでしょうが」にも同じようなニュアンスがあります。

❷　I wanted to let you know...は過去形になってきますが、現在形でももちろんOKです。

❸　いきなり、If you can't come「来られない場合は」で始まるよりも、If something comes up「やむを得ないことが起きた場合は」と入れる方が、ソフトな言い回しになります。

Chapter 2 エレベーター・スピーチ文例集

Scene 63　営業事務が営業部長に伝言を伝える

❶ サイモン部長に、多田から連絡です。

Tom, you had a call from Tada-san.

❷ 契約は無事完了したとのことです。

He wanted to let you know he got the client's signature on the contract.

❸ 何かあれば携帯メールにお願いします。

He'll be back by 1:15, but you can be reach him on his cell phone.

Advice!

❶ トム・サイモン部長であれば、ファーストネームのトムで。

❷ He wanted to let you know...は現在形でもOKですが、多田さんは電話を通して報告をしてきています。その場合は、過去形の方がしっくりくるでしょう。「契約は無事完了した」をHe finished the contract without any problem.と言うこともできますが、「契約書にクライアントの署名をもらいました」と具体的に表現する方がよいでしょう。すなわち「契約を完了した」ということになります。

❸ 「彼は1時15分に戻りますが、携帯でも大丈夫ですよ」は、ぜひ覚えておきたいひと言です。

Scene 64　スタッフがディレクターに予定を伝える

❶　ABC社のパンフレットのデザインの件です。

I just talked to the designer of ABC's pamphlet.

❷　火曜日の夕方にはアップします。

She said she can send the finalized data on Tuesday by 4:00.

❸　データを送っておくので確認お願いします。

I have a draft, so I'll send it by 2:00 for your reference.

Advice!

❶　「～の件」という曖昧な表現ではなく、「ABC社のパンフレットのデザイナーと話をしました」のように具体的な内容を言います。

❷　日本文の通りだとやや曖昧に聞こえます。特に主語が分かりません。「彼女は火曜日の午後4時までに最終データを送ってくるそうです」のように「誰が、何を、いつ、する」の情報を盛り込むことが最も重要です。

❸　❷と同じです。「ご参考までに、データのドラフトがありますので、2時までに送ります」のように相手にわかりやすいように情報を伝えましょう。

Chapter 2 エレベーター・スピーチ文例集

Scene 65　スタッフが部長にトラブル状況を伝える

❶ 港区のトラブルの件です。

Let me tell what we're doing to solve the server problem in Minato.

❷ 現在、直行したスタッフが対応しています。

Our engineer just arrived, and he's working on the problem.

❸ 2時間くらいで復旧できる予定です。

He thinks can get us back online by 5:45. I'll keep you updated.

Advice!

❶ トラブルが何であるか共有していたとしても、「港区のサーバーの問題解決のためにどのように対応しているかご報告いたします」のように具体的な情報を出す方が無難です。

❸ 「2時間くらいで復旧できる予定です」は日本語としてはあまり問題ないように思えますが、報告を受けた上司はいつから2時間なのか。エンジニアがそう言っているのか。報告者がそう思っているのか、などの疑問を持つかもしれません。「エンジニアは5時45分までに復旧できると考えています。随時ご連絡します」と言えば安心するでしょう。

Scene 66 営業マンが上司にミーティング概要を伝える

❶ 3日のミーティングの検討項目です。
Let me update you on our plans for the meeting on June 3rd.

❷ 経費削減キャンペーンです。
**We're thinking about discussing the cost-reduction campaign.
If you think we should cover anything else, please let me know.**

❸ 資料は前日までにメールしておきます。
I'll send you some material for the meeting by June 2nd.

Advice!

❷ 「私たちは〜の項目を考えていますが、もし他に話し合うべきことがあるときはお知らせください」のように情報を伝えるだけではなく、提案を求めるのも大切。

❸ 「前日」は便利ですが、曖昧な言葉でもあります。6月3日の「前日」であればby 2ndのように明確な日を言いましょう。

Chapter 2　エレベーター・スピーチ文例集

Scene 67　ディレクターが部長に役割分担を伝える

❶ ABC社のWeb立ち上げの件の役割分担です。

We have a job-assignment proposal ready for ABC's web page.

❷ 制作はXYZ社で進めます。

XYZ will handle production. Will that be okay?

❸ 詳細はデスクの上に置いておきます。

I'll put the details on your desk by 2:00 today.

Advice!

❶ 「これで決定です」と言うよりもproposal「提案」として提出すれば、上司はいろいろな意見を述べやすくなります。

❷ Will that be okay?の言い回しは相手に意見などを言う機会を与えます。決定事項として伝えるより、幅広い意見を集約できる表現になります。

❸ 「本日2時までに」のように具体的な時間がはっきりしているのであれば、言いましょう。

Scene 68　営業マンが課長に営業戦略を伝える

❶　今回のエリア戦略を整理しました。

I made an area strategy for the new Model 700.

❷　A、Bに3人を投入します。

I think it would be best to assign three people to areas A and B.

❸　問題がなければ計画表にサインをください。

If you think that would be okay, could you sign off on it?

Advice!

❶　曖昧な表現「今回の」を「新しいモデル700の」のように具体的に述べることが大切です。

❷　be going to...は「〜することにします」という言い回しで、決定事項を伝えていますが、I think that would be best to...であれば「私はこれがベストであると思いますが〜」のひと言を添えることで相手も意見を言いやすくなります。

❸　「問題がなければ」よりもIf you think that would be okay,「もし、それでよろしければ」をおすすめします。

Chapter 2　エレベーター・スピーチ文例集

Scene 69　店長がエリアマネージャーに予定を伝える

❶　関西店のオープン予定は8月22日です。

We're planning to open the Kansai Branch on August 22.

❷　5月前半から基礎工事に着手します。

We'll start in the first week of May. I'll send a progress report every Monday, if that's okay.

❸　オープン日には参加をお願いします。

If you could come on the opening day, that would be great.

Advice!

❶　We're planning to...は「予定」を述べるには適当な表現です。

❷　「5月の前半」は解釈が分かれるところです。「5月の第1週」のようにある程度の範囲を決めて伝えましょう。

❸　「オープンの日にはぜひおいでください」は、「それ以外は行ってはいけないの？」などと思われる可能性もあります。上司が気持ちよくスケジュール調整をしてくれる表現にしましょう。

Scene 70　人事が部長にスケジュールを伝える

❶　就職フェアでご協力いただきたいのですが。

Do you think you could help us at the job fair?

❷　14時からのプレゼンをお願いできませんか。

If possible, we'd like you to give a presentation at 2:00.

❸　ご了承いただければ、これで進めます。

If that sounds okay, we'll get everything ready.

Advice!

❶　Do you think you could...? は「あなたは〜することができると思いますか？」すなわち「〜していただけるでしょうか？」という謙遜の気持ちを込めた依頼表現です。

❸　英語の会話では「もし、〜であったら」という遠慮や謙遜の気持ちを表すIf...がよく使われます。If possible「もしできることなら」If that sounds okay「もしそれでよろしいなら」If you think that would work, 「もしそれでいいと思われるなら」など、使い過ぎの心配をせずに、上手に使って会話をスムーズに運びましょう。

Chapter 2 エレベーター・スピーチ文例集

◎上司に報告する

Scene 71　店舗スタッフがマネージャーに成果を報告

❶ 先月の営業成績を報告します。
I'm happy to be able to report our sales for June.

❷ 目標に対して120%、1500万円突破です。
Our sales exceeded 15-million yen. That's 120 percent over our target!

❸ 今月も頑張ります。
Thanks to our sales staff, we expect July to be another good month.

Advice!

❶ Here's a report on our sales figures for last month. では平板な言い回しです。それよりもI'm happy to report...「朗報があります」で始めると相手は関心を持って次の言葉を聞いてくれます。

❷ 朗報を聞きたい人には要件をストレートに。

❸ Thanks to...「~のおかげで」などを入れることによって上手に人をほめましょう。

Scene 72 現場スタッフが監督に工事完了を報告

❶ 昨日、無事に完了しました。

We finished the project yesterday, one day ahead of schedule.

❷ 経費精算については金曜日に報告します。

I'll e-mail you a breakdown of costs by Friday by e-mail.

❸ またよろしくお願いします。

By the way, my boss said we can give you a 25-percent discount if you give us another order within 20 days.

Advice!

❶ 「無事に」は曖昧です。ここでは「予定よりも1日早く終えられた」というアピールをしています。

❷ 「報告します」には、「電話で」「口頭で」「メールで」などが考えられます。そこまできちんと述べるのがよいでしょう。「電話で」ならby phone,「口頭で」ならin personで。

❸ 「よろしくお願いします」ほど便利で曖昧な表現はありません。通り一遍のあいさつよりも、「20日以内にもう一度ご注文をいただけましたら、25％の割引ができると上司が申しておりました」のような具体的なオファーでもよいでしょう。

Chapter 2　エレベーター・スピーチ文例集

Scene 73　スタッフが課長にクレーム処理を報告

❶ クレーム処理の件です。

Do you remember the client who complained about the slow response?

❷ 昨日、お客様にご納得いただけました。

I talked to him yesterday, he wasn't using the tool correctly.

❸ 今回の件は、これで解決になります。

I've updated the manual to avoid future problems like this.

Advice!

❶　相手が覚えていることを前提として話を進めずに、正確な情報を提供することで誤解を避けましょう。「回答が遅いとクレームをつけたお客様を覚えていますか？」であれば、たとえ忘れていても、思い出すでしょう。

❷　「なぜ納得したか」までを説明。「昨夜お客様と話したのですが、どうも道具を正しくお使いではなかったようです」。

❸　「同じ問題を回避するためにマニュアルを更新しました」はクレーム処理後の大切なポイントです。

Scene 74 秘書が取締役にアポイント変更を報告

❶ 本日のスケジュールに変更がございます。

I just got a call from your 3:00, Yuka Saito.

❷ 面談は先方の急用でキャンセルになりました。

She had a personal emergency and rescheduled to next Monday.

❸ それ以外はスケジュール通りになります。

I'll let you know right away if there are any other changes.

Advice!

❶ your 3:00（three o'clock）はyour 3:00 appointmentの省略でビジネスではよく使われる言い方です。

❷ ただ「キャンセルになりました」というより「個人的な急な用事ができまして次の月曜日に予定を変更しました」のように理由と次の予定を加えての報告にしましょう。

❸ There are no other changes.「他に変更はありません」That's the only change.「これだけが変更です」と告げるよりも「何か変更がありましたらすぐにご連絡します」と言う方が、仕事への前向きな姿勢がうかがえます。

Chapter 2 エレベーター・スピーチ文例集

◎上司に依頼する

Scene 75　営業企画が営業部長に資料の確認を依頼

❶　ジョンソン部長、来週の会議の資料の件です。
Sam, I'd like to let you know preparations are going well.

❷　資料は水曜日までにメールで送ります。
I'll be able to send you a draft of the handouts by 5:30 on Wednesday.

❸　金曜日までに修正指示をいただけますか?
If you could send me changes by Friday, it shouldn't be a problem.

Advice!

❶　I'd like to let you know that...「～を喜んでご報告します」と言えばずっとポジティブなニュアンスになります。
❷　日本語からそのままI'll send you...でもOKですが、それよりもI'll be able to send you...の方が「大変だけどできますので、安心してください」の含みがあります。具体的に何時までにという情報をつけば、相手はさらに安心感を持つでしょう。
❸　「金曜日までに送ってくだされば問題ありません」は相手にプレッシャーをかけない言い回しです。

Scene 76　スタッフがマネージャーにアドバイスを依頼

❶　追加注文時の対応の件です。

I have a question about how to handle a follow-up order.

❷　他の注文と同時に対応できません。

We can't process two orders at the same time, so we could keep a small amount of stock on hand.

❸　アドバイスをいただけますか。

Would that work, or do you have other suggestions?

Advice!

❶　「追加注文の扱い方について質問があります」と具体的な方が、的確にアドバイスができます。

❸　問題を説明しただけでアドバイスを求める形の依頼は、外国人上司からは「主体性がなくやや無責任」に見えることがあります。「それはうまくいくと思いますか？　それとも別のご提案がありますか？」のような聞き方をすれば、責任感を持って問題解決にあたっている姿勢がアピールできます。

Chapter 2　エレベーター・スピーチ文例集

Scene 77　営業マンが上司に打ち合わせを依頼

❶ ギー部長に相談があります。

I'd like to brainstorm with you on a problem I'm having.

❷ ABC社の件で打開策を講じたいのですが。

We need to find a way to turn ABC into a happy customer.

❸ 来週後半にお時間いただけませんか。

I have time now, or almost anytime on Thursday or Friday.

Advice!

❶　上司に問題を丸投げするのではなく、「この問題についてアイデアを自由に出し合いたい (brainstorm)」と言えば、問題に対応しようとする積極的な姿勢を示すことができます。

❷　「打開策を講じる」は find a way out of this problem になりますが、「できればABC社に喜んでもらう道を探りたいのですが」という方がずっとポジティブなニュアンスになります。

❸　「来週の後半」というあやふやな言い方ではなく「来週の木曜日か金曜日のいつでも」のように、明確な日にちを言うのは常識です。相手にとっても調整がずっと楽になるでしょう。

Scene 78 営業マンが上司に営業同行を依頼

❶ 課長に同行いただきたいお客様がいます。
I have a client that would like to meet you.

❷ 課長が得意とする流通業界のお客様です。
They're in the distribution industry, and I know that's your area.

❸ スケジュール調整をお願いします。
I'll e-mail you the times their vice president is available.

Advice!

❶ 自分が同行してほしいというよりも、「課長に会いたがっているお客様がいます」と頼むのもひとつの手です。上司としては動かざるをえなくなります。

❷ 「課長の得意分野だという流通業界の方です」とひと押しできれば、同行してくれるはずです。your area は your area of specialty「専門分野」の意味。

❸ 「スケジュール調整をお願いします」は曖昧すぎて英語にはなりにくい言い回しです。「向こうの副社長の都合のよい時間をeメールでお知らせします」のように、相手の都合を上司に伝えるようにすればよいでしょう。

Chapter 2 エレベーター・スピーチ文例集

◎上司に提案する

Scene 79 コンサルが上司に新しいアイデアを提案

❶ ABC社と合同プロジェクトはどうでしょうか。

I'd like to suggest a joint venture with ABC.

❷ お互いのコスト削減になると思います。

It would be a good way to reduce the costs of both companies.

❸ 今度そのことについて話しませんか？

I head a rumor that they're talking to XYZ. If you're interested, we'd better hurry.

Advice!

❶ How about…? は、軽い思いつきを提案する場合の言い回しです。I'd like to suggest…「〜を提案したいと思います」I'd like to recommend…「〜をすすめたいと思います」であればよく考えた上での提案というニュアンスがあります。

❸ 「噂の域をでませんが、ABC社がXYZ社にアプローチしているようです」のような具体例をあげて、「もし興味があれば、急いだ方がいいかもしれません」は非常に具体的です。

Scene 80　営業マンが上司に新企画を提案

❶　ABC社から相談を受けていた件です。

I've been working on a proposal for ABC, and I have some good ideas.

❷　出店計画を3パターン考えてみました。

I have three possible patterns for the newstore plans.

❸　1時間くらい打ち合わせできませんか。

I need your input to make them great ideas. Could you spare me an hour sometime before Friday?

Advice!

❶　具体的に「ABC社への企画書を作成しているのですが、よいアイデアがあります」と言えばより上司は興味を持ってくれるでしょう。

❷　「考えてみました」というより「使える出店計画が3パターンあります」と言った方がポジティブなニュアンスになります。

❸　「1時間打ち合わせできませんか」の前に、「私のアイデアをもっとよいものにするためにお知恵を貸してください」と何のためなのか、目的を述べましょう。

Chapter 2 エレベーター・スピーチ文例集

Scene 81 販売員が店長にキャンペーン企画を提案

❶ 来月のキャンペーンのアイデアがあります。

I have a great idea for the September campaign.

❷ ロンドンフェアはどうでしょうか。

A London fair would be unique and attract a lot of attention.

❸ 内容を考えてみます。

I can have a concrete proposal ready in three days. I'll e-mail it to you. Could you give me some feedback?

Advice!

❶ I have an idea...でもOKですが、great, unique, superなどの形容詞をつけるとアイデアに自信と熱意が感じられます。また、「来月」ではなく何月か明言します。

❷ 「ロンドンフェアは独特で、話題にもなると思いますが」と具体的な理由を加えることで相手の関心を引くことができます。

❸ よいアイデアがあれば、上司が動いてくれると考えるのは甘いかも知れません。「3日で具体的な企画書を用意して、メールで送ります。フィードバックをお願いします」のように具体的な行動を示して、話を進めましょう。

Scene 82 総務が所長にオフィスレイアウトを提案

❶ オフィスレイアウトで提案があります。

Hiroshi on the Systems Team came up with a good idea for the office layout.

❷ スペースを節約するためにサーバーとシステム部を近づけませんか。

We can save 15-square meters of space by moving the server closer to the systems team.

❸ 一度、検討してみてください。

If we can get your okay, we can make the change on a Saturday.

Advice!

❶ 「システム・チームのヒロシがオフィスレイアウトでよいアイデアを思いつきました」のように「アイデアがどのように生み出されたのか」を説明すると説得力があります。

❷ 「サーバーをシステムチームに近づければ15㎡のスペースを節約できます」のように利点を述べるとさらに説得力が生まれます。

❸ 提案するだけでなく「もし了承が得られれば、私たちで見直しができます」とさらなる具体的な提案を提示しましょう。

Chapter 2　エレベーター・スピーチ文例集

◎取締役クラスに提案する

Scene 83　管理部が社長に社内の業務改善を提案

❶ おつかれさまです。管理部の橋本です。

Hello, I'm Hashimoto, and I work under Mary Smith in Administration.

❷ 経費削減のオペレーションを考えました。

We have a proposal to cut costs by around 15 percent that we're excited about.

❸ 部長を通して企画書を提出しておきます。

She'll to send the proposal to you this week, so I hope you have a chance to look at it.

Advice!

❷ 「経費削減のオペレーションの内容」を告げましょう。「15%ほどのコスト削減ができる企画案があり、私たちとしても大変興奮しています」のようにthat we're excited aboutを加えるとこちらの熱意を示すことができます。また主語をIではなくweにすることで、のちのち上司やチームメンバーの協力も得やすくなるでしょう。

Scene 84 デザイナーが社長に環境改善を提案

❶ お久しぶりです。デザイナーの北です。
Hi, I'm Kita, one of the designers. It's good to see you.

❷ オフィスが暗いという意見をお耳にしていますか？
Maybe you've heard complaints about the lighting, but I have an easy solution.

❸ 後ほど、メールしておきます。
Could I e-mail you about it, or if you have five minutes...?

Advice!

❶ It's good to see you. はフレンドリーな挨拶で「いやあ、元気ですか」に近いですが上司、社長、お客様にもOKです。

❷ 職場のさまざまな不満を上司や社長に告げるときにはI have a solution.「解決法があります」、この場合は特にan easy solution「簡単な解決法」という嬉しい提案です。Maybe you've heard complaints about the lighting.だけでは文句を言っていると思われる可能性もあります。

Chapter 2　エレベーター・スピーチ文例集

Scene 85　コンサルが社長にビジネスプランを提案

❶　社長に聞いていただきたい話があります。

I have an idea that could really revolutionize the company.

❷　食品市場でのビジネスプランです。

There's a new market I think we should look at.

❸　30分お時間をいただけますか。

If you have just 30 minutes anytime, that would be enough.

Advice!

❶　「社長に聞いていただきたいことがあります」すなわち「お話したい」はあまり説得力がありません。社長に面会を申し込むには「会社を変革するよいアイデアがあります」のように、何が話題になるのかをきちんと伝えておく必要があります。

❷　ただし、ポイントがあります。簡単に手の内をすべて明かしてしまうと、十分な説明をする前に却下される可能性があります。「私たちが目を向けるべき新しい市場があります」のように概要を話すことが大切です。

❸　「いつでも結構です。30分あれば、それで十分です」と言えば、熱意は十分に伝わるでしょう。

Scene 86　営業マンが製造部トップに新商品を提案

❶ 新商品のアイデアがあります。

I have an idea for a new product, and everyone says it's revolutionary.

❷ 最近思いついた企画です。

It's based on some suggestions from our clients.

❸ 資料を用意するので目を通してください。

I'll send you one-page report tomorrow, if you don't mind.

Advice!

❶　I have an idea for a new product.「新商品のアイデアがあります」は上司にとっては「よく聞くセリフ」でしょう。…everyone says it's revolutionary.「みな画期的だと言っています」をつけ加えるだけで、興味がわくはずです。

❷　I just recently thought of this idea.「最近思いついた案です」は説得力がありません。有能な経営者であればこそ、「お客様の声から生まれた企画」は無視できない発言です。

Chapter 2 エレベーター・スピーチ文例集

◎取締役クラスにアピールする

Scene 87 営業マンが取締役に海外転勤をアピール

❶ 先日から中国語の勉強を始めました。
Actually, I've been taking Chinese lessons.

❷ 3年後に海外進出すると聞いたんですが。
I was happy to hear we're planning to expand overseas in three years.

❸ その際はよろしくお願いします。
I want to be ready to help.

Advice!

❶ Actually...をつけると「実は」すなわち「ちょっと恥ずかしいのですが」というニュアンスが生まれ、控え目な印象を与えます。自分を売り込む場合には使えます。

❷ 「3年後に海外進出を考えていると聞き、大変嬉しく思います」のように期待と熱意を表しましょう。

❸ I want to be ready to help.「お役に立てれば嬉しい」は下の者が上の者に対して使う言葉で、謙遜の気持ちを表しながら、熱心さを表すこともできる言い回しです。

Scene 88　営業マンが社長に自分をアピール

❶　はじめまして営業部の倉田です。
**I don't think we've met before.
I'm Hiro, Hiro Kurata in Sales.**

❷　社長はエタノール技術に興味ありませんか？
**I'm studying ethanol technology,
and I was wondering
if you were interested.**

❸　機会があれば、ぜひ話を聞いてください。
**Maybe we could talk about it
over lunch, or something.**

Advice!

❶　I don't think we've met before.「初めてお会いしますね」は、自分はよく知っているけど相手は自分を知らない場合によく使われる決まり文句です。

❷　I was wondering if you were interested.は相手に興味があるか、ないかを確認する文ですが、あまりプレッシャーを感じさせないので、上司に使ってもかまいません。

❸　Maybe we could...「〜はいかがですか」「〜しましょう」は控え目に誘うフレーズになります。

Chapter 2　エレベーター・スピーチ文例集

Scene 89　ショップスタッフが社長に自分をアピール

❶　初めてお会いします。町田店の香山です。

You don't know me, but I'm Mari Kayama, in the Machida Shop.

❷　私の最終目標は、商品開発です。

I love my job, but my goal is to work in product development.

❸　いつか社長が驚く商品を開発します。

I have a list of ideas, so I'll be ready if I ever get that opportunity.

Advice!

❶　You don't know me, but...「私のことはご存じないと思いますが」すなわち「初めてお会いしますが」は決して失礼ではありませんが、かなりストレートな言い回しです。偉い人に会う場合によく使われます。

❷　I love my job.のひと言を添えることでいかに自分が仕事に思い入れがあるかが伝わります。

❸　「私にはアイデアのリストがあります。チャンスがあればすぐに準備します」のように「ただ～したい」ではなく、「そのために今～をしている」の方が自己アピールができます。

Scene 90 開発スタッフが社長にアイデアをアピール

❶ 社長、北海道で新素材が発見されました。
You know, I just read in a journal about a new material developed by Hokkaido University.

❷ 商品化できると業界シェアを伸ばせるでしょう。
If we're the first to make it into a product, we could increase our market share.

❸ ご検討いただけないでしょうか?
With your permission, I'd like to go to Hokkaido next week to meet the professor.

Advice!

❶ You know, は、話題を切り出すときに便利なひと言です。
❷ if we're the first to make it into product「他社に先んじて真っ先に商品化できると」のようにbe the firstを加えると並々ならぬファイトと必死さが伝わります。
❸ 「許可をいただければ、～したい」は強く前向きな気持ちが表れています。

Chapter 2 エレベーター・スピーチ文例集

◎上司に紹介する

Scene 91 　営業マンがパートナー候補を上司に紹介

❶ 部長に紹介したい会社があります。

I might have the perfect partner for you.

❷ 国内シェア8割の会社です。

They have a 80 percent share of the market, and they want to talk with you.

❸ 来週時間をつくれませんか。

Their president can meet us anytime on Friday.

Advice!

❶ 「もしかすると完璧なパートナーを見つけたかもしれない」と話をふれば、相手にはそのワクワク感が伝わるはずです。
❷ 「国内シェアの8割を保持しています」は単なる情報提供に過ぎません。同時に「向こうが部長と話をしたがっているのです」というひと言をつけ加えることで、断られる可能性がぐっと低くなるでしょう。

Scene 92 人事が部長に転職希望者を紹介

❶ 管理部門のマネージャー候補がいます。

There's someone I'd like to recommend for a manager position.

❷ ライバル社で先日まで働いていた人間です。

She used to work for a competitor, and she has a great track record.

❸ 興味があれば連絡ください。

She's ready to meet with you anytime.

Advice!

❶ There's someone I'd like recommend...「推薦したい人がいます」は「責任を持って紹介したい」という響きがあります。

❷ 「彼女には素晴らしい実績があります」は説得に使えるひと言です。

❸ 「興味があれば」というのはあくまでも相手に下駄を預けている言い方になります。それよりもShe's ready to meet with you anytime.「彼女はいつでもぜひ、とお会いする用意があります」すなわち「彼女は是非部長と会いたがっています」であれば、こちらからアピールする言い回しになります。

◎上司に謝る

Scene 93 管理部スタッフが営業部長に謝る

❶ 部長、先日の発注漏れの件です。
I need to apologize to you for the ordering mistake on Tuesday.

❷ 原因は、私のデータ入力ミスでした。
I investigated it and found that I made a data entry mistake.

❸ 以後、気をつけるようにします。
I'd like to change the entry method to prevent this type of mistake.

Advice!

❶ 謝罪をするときには、こちらの気持ちをきちんと伝えることが大切です。
❷ 「原因は」とすぐに結論づけてしまうのではなく、その問題解決に向けて、たとえば「細かく調べてみたら、私がデータ入力をミスしていました」のように結論にいたる経緯を述べることも必要でしょう。
❸ 「この種のミス防止のためにエントリーメソッドを変更します」のような具体策が必要です。

Scene 94　営業マンが上司に企画書の不備を謝る

❶　先日のプレゼン資料の誤植の件です。
There was a misprint in the presentation materials for ABC.

❷　急いでいたため完全なケアレスミスでした。
This was my mistake—I wasn't careful enough.

❸　本当に申し訳ありませんでした。
I've sent the corrected version to ABC, along with an apology.

Advice!

❷　I was in a hurry, so I made a careless mistake.「急いでいたので、ケアレスミスをしてしまいました」は「急がせられる状況があったために、ついミスをしてしまいました」のように聞こえてしまう可能性があります。「これは私のミスです。不注意でした」のような率直な謝罪が大切です。

❸　上司に申し訳ないと謝る以前に「ABC社には修正したものを送り、お詫びもしました」のようにどのようにミスに対応したかを報告することが大切です。あなたが責任をもって問題解決にあたったことがわかります。

Chapter 2 エレベーター・スピーチ文例集

Scene 95　ショップスタッフが報告漏れを店長に謝る

❶　昨日の報告漏れはすみませんでした。
I have to apologize for the incomplete report yesterday.

❷　閉店間際の対応で、部下が忘れてしまいました。
We were busy closing up the shop and forgot about it.

❸　しっかりと注意しておきます。
We've talked about it, and we'll make some changes to make sure it doesn't happen again.

Advice!

❶　お詫びの仕方にも程度があります。Sorry about the incomplete report.「報告漏れ、すみませんでした」は本当にお詫びする場合には軽過ぎる表現です。I'm sorry about...には誠意が感じられますが、I have to apologize for...であれば「心からお詫びします」の気持ちが表れます。

❸　「二度と同じことが起こらないように、変更をします」のように具体的な対策を明示します。そのときに主語をweにすることで部下と共に十分話し合ったことがわかります。

Scene 96　スタッフが顧客への不手際をマネージャーに謝る

❶　先ほどは申し訳ありませんでした。
I have to apologize for the inconvenience to the client.

❷　コミュニケーション不足が原因のようです。
The problem was caused by poor communication amongst the staff.

❸　スタッフ間で話し合い防止策を作成しました。
We've talked about it and came up with concrete countermeasures.

Advice!

❷　「〜のようだ」「〜らしい」はIt seems that...で表しますが、そのような言い方をしなくてすむように、きちんと原因を調べてから具体的に報告をする方がよいでしょう。

❸　I know I have to do something.「何とかしなければならないことはわかっています」のような曖昧な言い方は避けたいものです。具体的な行動を起こした結果をきちんと報告するのがベストでしょう。

Chapter 2 エレベーター・スピーチ文例集

◎上司に質問する

Scene 97　営業マンが上司に質問

❶ 重点エリアの設定に関して質問です。

A lot of reps have questions about prioritizing the areas.

❷ 実績のあるエリアからでいいですか。

My understanding is that we need to focus on areas that have done well in the past.

❸ それでよろしいでしょうか？

If that's right, then I'll let the other sales agents know.

Advice!

❶　上司にI have a question.と切り出しても意図は伝わりますが、「多くの営業マンが重点エリアを決定することについて疑問を抱いています」のように、質問する理由を説明すれば、相手はきちんと答えようとしてくれるはずです。

❸　「それでよろしければ、他のスタッフにも伝えます」のように次に何をするかを明確にすることが大切です。

Scene 98　店舗スタッフがマネージャーに質問

❶ 社長のコメントですが。
I wanted to ask you about something the president said.

❷ 顧客との関係強化という理解でいいですか。
We need to focus on building closer ties with clients. Is that right?

❸ 違ったら教えてください。
I hope that's right, because I think it's a great idea.

Advice!

❶ 「～についてお聞きしたい」I want to ask you about...は正しい英語ですが、実はI wanted to ask you about...「今朝社長が言っていたことについてお尋ねします」のように過去形にした方がソフトな言い方になります。

❷ We need to focus on building closer ties with clients.「私たちは顧客との関係を強化する必要がある」は疑問文ではありませんが、質問のように語尾を上げて言うと「これでいいですか？」のニュアンスが出ます。その後にIs that right?「よろしいですね」で確認を取ります。

Chapter 2　エレベーター・スピーチ文例集

Scene 99　プランナーがチーフプランナーに質問

❶　今回の出店計画に関して質問があります。

I'm really excited about the new shop, but I have a few questions.

❷　出店後の戦略がいまひとつ理解できません。

Could you help me better understand the strategy after the shop is finished?

❸　ミーティングを再度お願いできますか。

Maybe we could sit down and talk sometime.

Advice!

❶　I have a few questions about the new shop.でも問題はありませんが、「疑問がある」「疑念がある」と聞こえる可能性もあります。

❷　「理解できない」より、「出店後の戦略をもっとよく理解するために手を貸してくださいませんか？」すなわち「出店後の戦略をもう少しよく理解したいのでご説明願えますか？」という言い回しで、説明をお願いする姿勢を示すのがベストです。

❸　相手にプレッシャーをかけないMaybe we could sit and talkは「軽く打ち合わせる」の意味。

Scene 100　販売員がマネージャーに質問

❶　キャンペーンについて販売員から3点質問がありました。

Several shop clerks have asked me three things about the campaign.

❷　彼らは新商品投入のタイミングと販売価格、そして色を知りたがっています。

They want to know when the new product will be introduced, the price and the colors.

❸　教えていただけると助かります。

If this is information you can tell me, my shop clerks would appreciate it.

Advice!

❶　質問には個人の好奇心から聞く場合と、ある人たちの代表として尋ねる場合があります。この場合は店舗スタッフを代表しての質問です。このような質問に対してはマネージャーもより真剣に答えるはずです。

❸　Please tell me.「ぜひ教えてください」は相手にプレッシャーをかける言い方です。会社にはいろいろ事情があり、まだ教えられないかもしれません。「これを教えていただけるのであれば、皆助かるでしょう」と言えばよいでしょう。

Chapter 2　エレベーター・スピーチ文例集

COLUMN

Q

VIPと呼ばれる人たちに声をかけていいものなのでしょうか?

A

　みなさんは、いわゆるVIPと呼ばれる人たちに会ったことがありますか？　もし会ったことがあれば、彼らが謙虚で親切な人たちであることを知っているはずです。私にも、非常に裕福で力のある、いわゆるVIPの友人がいます。

　その友人は、レストランに行くと、いつも金額を一切気にしないで贅沢にオーダーします。そういう人の中には、自分は大金を使ってやっているのだからと、偉そうにしている方をたまに見ることがあるのですが、彼の態度は驚くほどに紳士的です。

　彼は偉ぶらず、いつも誰に対しても真摯に接しています。それは、見知らぬ人に対しても、初めて会う人に対しても同じです。そして、人との出会いをとても大切にしています。

　もし、**VIPに話しかけられるチャンスが巡ってきたのなら、勇気を持って話しかけてみましょう。**

知っておきたい
便利なフレーズ

エレベーター・スピーチを
スムーズに始めるための
便利なフレーズをまとめました。
うまく活用して、気軽に声をかけることを
楽しめるようになりましょう。

Chapter 3 知っておきたい便利なフレーズ

↓↑ 初対面の人とは「Hi」「Hello」

　Chapter 1で話したように、日本人にとってエレベーター・スピーチの最初のハードルは、相手に話しかけること。その点、アメリカ人にとってのハードルは日本人よりも低いようです。アメリカ人はエレベーターで人に出会うと、たとえ知らない人であっても、とくに2人きりの場合はお互いに声をかけ合うのが普通です。

　それは、アメリカ人が根っからの人好きでフレンドリーだからなのですが、理由はそれだけではありません。歴史的に見ると、アメリカ人は一カ所に留まることなく、旅から旅へと生活の拠点を移してきました。行く先々で見知らぬ人々との出会いを経験しながら生きてきたのです。

　アメリカ人の初対面の人に対する関心は、ただひとつ。この人は安心できる人だろうか？　それとも危険な人なのだろうか？　それを瞬時に見極めること、いわば安全確認こそが重要なスキルなのです。

　最も簡単に相手を判断できるのが言葉を交わすこと。お互いの声掛けにどう反応するのかによって相手が安全な人かどうかを見極めています。初対面の人との会話は次のような感じです。

Hi. – Hello.

こんにちは。-こんにちは。

　Hi. と言われるとつい Hi. のようにオウム返しで答えたくなりますが、ここは Hello. で答えた方が自然です。反対に Hello. と言われたら Hi. で答えましょう。ノリがよく気持ちのいい挨拶になります。

How are you doing? – Pretty good.

調子はどうですか?-いいですよ。

　誰かと出会ったら「ご機嫌いかがですか？」How are you? が定番表現だと思いこんでいるかもしれません。もちろんこれは間違いではありませんが、硬い言い方になるため、**実際ネイティブは、フォーマルな場以外ではあまり使うことはありません**。How are you? よりも How you doing? の方がフレンドリーです。

　でも、How you doing? は間違えた英語では？と思う方がいらっしゃるかもしれません。これは確かに文法的に正しくありません。正しくは How are you doing?ですが、これは受け取り方によっては「あなたの進捗状況は？」「進み具合はいかがですか？」と聞こえる場合があります。その誤解を避けるためにネイティブは How you doing? の you を「ヤ」と発音し、「ハウヤ・ドゥーイン？」にする

Chapter 3　知っておきたい便利なフレーズ

ことで親しくてカジュアルなニュアンスを出しています。

相手にこう聞かれたらどう答えましょうか？　Fine, thank you. And you? が、日本人が思い浮かべる最初のフレーズかもしれません。これも間違いではありませんが、とても硬いニュアンスです。**会話を始めるのは「この人ともっと話をしたい」という気持ちを持ってもらうのが目的**ですから、この受け答えはあまりおすすめできません。

相手にフレンドリーだと思ってもらえる返事の例は以下の通りです。

Not bad.
「元気だよ」
　　「悪くない」というネガティブな意味ではなく、
　　実際にはポジティブなニュアンスです。

Pretty good.
「元気だよ」
　　pretty は「まあ」「そこそこ」の意味。

Couldn't be better.
「絶好調だよ。最高だよ」
　　「これ以上よくなりようがない」すなわち「最高によい」ということです。

Great.
「調子はいいね」

Excellent.
「素晴らしいよ」

Can't complain.
「不満は言えないよ」

「不満は言えない」すなわち、「上々だよ」の意味と「まあまあだね」の意味があります。

Really good.
「すごく元気だよ」

Hanging in there.
「頑張っています」

hang in は「持ちこたえている」「頑張っている」の意味です。

Not too bad.
「悪くないですよ」

Not so bad. と同意表現。控え目な表現です。

Not bad at all.
「かなり元気ですよ」

「かなりよい」「相当よい」の肯定的表現です。

Chapter 3　知っておきたい便利なフレーズ

↕ 初対面に効果的な「天気」の話

　天気の話題は、初対面の人と話すための格好の題材です。その応答次第で相手が心を開いているかどうかがわかります。気軽に語れる天気の話題で、相手に自分がフレンドリーであることを伝えましょう。

Terrible weather.
「ひどい天気ですね」
Sure is.
「まったく」

I hope it doesn't rain.
「雨が降らなければいいけど」
I hope not.
「そうですね（降らないことを望みます）」

It looks like it's going to snow.
「雪が降ってきそうですね」
Yeah, I think so.
「ええ、そうですね」

I heard a tornado's coming.
「竜巻が来るんですって」
Oh, no.
「ええっ！ 困りますね」

Kind of hot today.
「今日はなんだか暑いですね」
I can't stand it.
「我慢できませんね」

Kind of cold today.
「今日はなんだか寒いですね」
Yeah, I'm freezing.
「ええ、凍えそうです」

Great weather, isn't it?
「いい天気ですね」
Yeah, it's really nice.
「ええ、本当に」

Chapter 3　知っておきたい便利なフレーズ

I wonder if it's going to rain.
「雨が降るのかもしれませんね」
I hope it doesn't.
「降らなければいいんですが」

Looks like summer is over.
「夏が終わったみたい」
I'm afraid so.
「残念だけど、その通りですね」

Looks like winter's here.
「冬が来たみたいですね」
Yeah, it's getting cold.
「ええ、段々寒くなっていますね」

Spring is on its way.
「もうすぐ春ですね」
I can't wait.
「待ち遠しいですね」

初対面に効果的な「ほめる」フレーズ

人はほめられると決して無視できません。特に自分がフレンドリーだと認めた人からのほめ言葉は心にひびきます。ぜひ相手をほめてください。ほめ言葉にはいろいろありますが、**私はniceという言葉をおすすめします**。大げさ過ぎず、決して皮肉にはならない響きがあります。しかも、男性でも女性でも、誰にでも安心して使えます。

挨拶でお互いに和んだころが、相手をほめる絶好のチャンス。日本人は人をほめることが基本的に苦手なようですが、実はそれほど難しくありません。

以下は効果的に使えるほめ言葉の文例です。

● カバンやバッグをほめる

That's a nice bag.
「素敵なバッグですね」

I like that bag.
「そのバッグ、好きだわ」

Nice briefcase.
「素敵なブリーフケースですね」

Chapter 3　知っておきたい便利なフレーズ

● 着ている物をほめる

(That's a) Nice tie.
「(それは) 素敵なネクタイですね」

(That's a) Nice scarf.
「(それは) 素敵なスカーフですね」

(That's a) Nice suit.
「(それは) 素敵なスーツですね」

● 働く人をほめる言葉

You're good at that.
「お上手ですね」

You're really good at your job.
「お仕事の達人ですね」

You've been so helpful.
「とても助かりました」

Thanks to you, I had a nice meal.
「おかげさまでおいしいお食事をいただけました」

You're so fast!
「(お仕事が) 早いですね!」

You really explained that well.
「分かりやすい説明でした」

You did that like magic.
「まるで魔法みたいにできるんですね」

I enjoyed talking with you.
「お話できて楽しかったです」

I'll come again, thanks!
「また来ますね。ありがとう!」

　天気の話や相手をほめる言葉はカジュアルな挨拶として誰にでも使える、便利なフレーズ。どんどん使って**人をほめることに慣れましょう**。そして、それをきっかけに始まる、楽しい会話の作法を覚えましょう。

　もし失敗してしまったとしても、さっさと忘れてどんどんトライしてみましょう。もし一度でも、初対面の人と話すのが楽しいと思えたなら、次のステップに進みます。

　エレベーター・スピーチに挑戦しましょう。

Chapter 3　知っておきたい便利なフレーズ

↕ 挨拶から話を転換するときのフレーズ

● By the way...
「ところで」と急に話題を変える場合

初めて会ったり、また今まで深い話をしたことがなかった人とは、ご機嫌伺いをしたり天気の話をすることで軽い挨拶を交わします。時間が限られている場合は、その後すぐに本題に入りたいもの。そんな時、**唐突感がなく、自然に話題を移すために使える**のが By the way...「ところで～」です。

By the way, I've been studying the hotel industry.

「ところで、私はホテル業についてずっと勉強しています」

By the way, I'm interested in working in the trading business.

「ところで、私は貿易業界で働くことに関心があります」

By the way, I've developed a new network system.

「ところで、私は新しいネットワークシステムを開発しました」

● You know, I was thinking...
　言葉が出ないとき上手に間をとる場合

　外国語のヒアリングは、その言葉に精通していない限り、かなり難しいもの。

　苦し紛れに出てくる「えーと」「あのー」などの言葉は、話の筋道を追うのに邪魔になりますから、なるべく使わないように注意しましょう。

　もちろん英語が淀みなく出てくれば問題はないでしょう。そう聞くと、「とてもスムーズに話せそうもない」と尻ごみする方がいるかもしれません。でもあなたが話そうとしているのは外国語です。臆することはありません。

　ぜひ知っておいてほしいことは、相手にとっても自分にとっても「上手に間をとる方法」が大切であるということ。その方法を覚えておくことで、相手が次に何を話そうとするのか推測する習慣がつきますし、自分がこれから何を話そうとするのか相手に漠然と示すこともできるのです。

Chapter 3　知っておきたい便利なフレーズ

You know, I was thinking you might be interested in a software package my company developed.

「あのですね、弊社が開発しましたソフトウエアにご興味があるかもしれないと思いまして」

You know, I was thinking you might need help in finding new customers in Japan.

「あのですね、日本での顧客発掘にお手伝いが必要ではと思いまして」

You know, I was thinking you should meet my boss. He's an expert in nanotechnology.

「あのですね、私の上司にお会いになる方がよろしいかと思いまして。ナノテクノロジーの専門家なんです」

You know, I was thinking you might be interested in expanding into the Japanese market.

「あのですね。日本市場に興味がおありかと思いまして」

● **You don't know me, but...**
　こちらを知らない相手に話しかける場合

　どうしても話しかけたい相手がいます。でも、相手はこちらのことを知らないし、紹介者もいない、そして出会うのもこれが初めて、そんな場合もあります。エレベーター・スピーチの場合はそういったシチュエーションも多いでしょう。そんなときは**なるべくスムーズに穏やかに出会いを進めたいもの**。これは日本語の「私のことはご存じないと思いますが」「本来なら、紹介者があって話をするのが筋なのですが」といった**遠慮の気持ちを表す丁寧な表現**です。

You don't know me, but I've heard your company is interested in expanding into Japan.

「初めてお会いしますが、御社が日本における業務拡大に関心をお持ちであると聞いております」

You don't know me, but I'm interested in working in game development.

「初めてお会いしますが、私はゲーム業界で働きたいと思っております」

Chapter 3　知っておきたい便利なフレーズ

You don't know me, but I've been following your company for years.

「初めてお会いしますが、ここ何年間、ずっと御社に関心があります」

● I know this is sudden, but...
こちらを知らない相手に話しかける場合

You don't know me, but... と同じシチュエーションのときの別の表現は I know this is sudden, but... 「申し訳ありませんが」「いきなりですが」「失礼とは存じますが」です。これも決して失礼ではなく、初対面の相手を驚かせることのない、礼儀正しい言い回しになります。

I know this is sudden, but are you interested in the Japanese market?

「いきなりですが、日本市場に関心はお持ちですか？」

I know this is sudden, but I'm looking for an investor.

「いきなりですが、投資してくださる方を探しております」

I know this is sudden, but are you interested in cutting your accounting costs?

「いきなりですが、会計コスト削減に関心はお持ちですか?」

● **You wouldn't happen to...**
　相手に何かを尋ねたり、依頼する場合

　会話がスタートしました。さあ、いよいよ本題です。

　相手が同じ立場であったり、自分より目下であったりするとは限りません。むしろ目上の人の場合が多いのがエレベーター・スピーチです。

　You wouldn't happen to... は**「もしかして、〜ではないですよね?」と相手に何かを尋ねたり、依頼する言い回し**です。とても丁寧ですので、目上の人にも問題なく使えます。相手が完全に無視するわけにはいかなくなるようなニュアンスがこめられています。肯定文でありながら、クエスチョン・マークのついた質問に聞こえます。

You wouldn't happen to be interested in cutting your accounting costs(?)

「ひょっとして会計コストの削減に関心がおありではないでしょうか(?)」

Chapter 3 知っておきたい便利なフレーズ

You wouldn't happen to be looking for a new engineer(?) I'd love to work for your company.

「ひょっとして新しい技術者をお探しではないですか(?) 御社のために是非働きたいと思っています」

You wouldn't happen to be interested in entering the Japanese market(?)

「ひょっとして、日本市場参入にご興味がおありではないでしょうか(?)」

● I don't mean to change topics, but...
　話題を変えたい場合

　「これだけは話しておきたい」本題がなかなか切り出せないときに使える言い回しです。直訳すれば「話題を変えるつもりはないのですが」ですが、「話題を変えて申し訳ございませんが〜」というニュアンスになっています。ストレートに言うよりも、やや遠慮を含んだ言い方をすることで、申し訳なさが相手に伝わります。

　またネイティブは、同じ意味合いで Not to change topics, but... もよく使います。これは直訳すれば、「トピックを変えるためではないんですが〜」ということで、次に来る話題ははずせないという気持ちが表れています。

I don't mean to change topics, but I'm interested in working in publishing.

「話題を変えて申し訳ございませんが、
出版関係で働いてみたいと思っています」

I don't mean to change topics, but I have an idea for improving customer satisfaction.

「話題を変えて申し訳ございませんが、
顧客満足度を上げるよい考えがあります」

I don't mean to change topics, but I studied data processing in college.

「話題を変えて申し訳ございませんが、
大学でデータプロセッシングを勉強しました」

I don't mean to change topics, but I have an idea that I've based my career on.

「話題を変えて申し訳ございませんが、私にはキャリアをかけているプロジェクトがあります」

Chapter 3 知っておきたい便利なフレーズ

言葉がうまく出てこなかったときのフレーズ

母国語で話していても、言葉がなかなか出てこないときがあります。ましてや外国語である英語を話すわけですから、そのようなことは織り込み済みです。そのちょっとした危機にいかに対応するかが大切です。「えーと」「あのー」など日本語の語感が外国人にとっては理解の妨げになることは前述しました。**間を埋めるための英語**を知っていると便利です。

● ...ah... / ...um...（ええ、ああ、その、まあその）

これは単語ではなく、**単語と単語の間を埋めるだけの単なる音**です。日本語で言えば、「ええ」「まあ」「そのー」「ああ」「まあその」「んー」といった感じです。言葉と言葉をどのように繋ごうか迷っているときに使える表現です。

● Let me see...

言葉と言葉の間を埋める音とは別に、**次の文が出てくるまでにちょっとした時間稼ぎをするフレーズ**もあります。Let me see...「そうですねぇ」「ええとですね」などを使えば、変な沈黙が生まれる気まずさを回避することができます。

A: When do you have time to come to my office?

「私の事務所にはいつおいでになれますか?」

B: Let me see... How about this coming Friday?

「そうですね。今度の金曜日はいかがですか?」

● Let me think...

「ええと」「そうですね」「たしかですが〜」

A: How long would it take do that?

「それをするのに、どれくらいかかりますか」

B: Let me think... about two weeks.

「そうですね。2週間程度ですかね」

● Let's see...

「ええと」「そうですね」
＊回数を思い出すときによく使う表現

A: Do you have time tomorrow afternoon?

「明日の午後お時間はありますか？」

Chapter 3 知っておきたい便利なフレーズ

B: Let's see... I'm free from 3:00.

「そうですね。3時からは時間が空いています」

● Hmm, good question...

「それは分からないですねぇ」「むずかしい質問ですね」

A: Can you do it by August?

「8月までにできますか？」

B: Hmm, good question... Let me check and I'll e-mail you this afternoon.

「難しいですね。調べてから午後にメールいたします」

● Just a moment...

「ちょっと待ってください」「はいはい」

A: I need your proposal by tomorrow morning.

「明朝までに企画案が必要ですが」

B: Just a moment... Yeah, I can do that.

「ちょっと待ってください。ええ、大丈夫です」

最後に好印象を与えるフレーズ

「**終わりよければ、すべてよし**」です。最後に好印象を残し、せっかくのチャンスをこれで終わらせることなく、**次へと繋げるための決めのひと言が大切**です。

I'm looking forward to seeing you.
「お会いするのを楽しみにしています」

I'll be waiting for your call.
「お電話をお待ちしています」

I'll give you a call tomorrow morning.
「明朝、お電話いたします」

Thanks for this opportunity.
「このたびはありがとうございました」

Thanks for taking the time to talk to me.
「わざわざ話をしてくださってありがとうございました」

Chapter 3　知っておきたい便利なフレーズ

I enjoyed talking with you.
「楽しく話ができました」

I hope to see you again.
「またお会いしましょう」

Here's my business card.
「私の名刺です」

You can call me anytime.
「いつでもご連絡ください」

COLUMN

肩書よりもスマイル！

日本と違い名刺は出会ってすぐ交わすものではなく、別れるときに手渡すものです。アメリカでは会社名や肩書はそれほど大きな意味を持ちません。あなたの人となりが大切なのです。言葉よりもスマイル。きちんと相手の目を見て誠実に話をしましょう。別れ際の握手も強い印象を残すことになります。

ワンランクアップを狙うポジティブワード

言葉にはそれ自体にネガティブなイメージを持つものがある一方、ポジティブなニュアンスを持つ単語があります。限られた短い時間内で使えば、好印象を与えられます。

● achieve「達成する」

→ **We can achieve this.**
「私たちならできます」

→ **This project is achievable.**
「このプロジェクトは十分達成可能です」

→ **Let's see what we can achieve.**
「どこまでできるかやってみましょう／できる限りやりましょう」

● agree「同意する」

→ **I agree with you.**
「賛成です」

Chapter 3　知っておきたい便利なフレーズ

→ **We can agree that this is the best.**
「この案がベストですね」

→ **I'm confident that you'll agree.**
「ご賛同いただけると確信しています」
※つまり「これは気に入っていただけると思います」

● amazing「素晴らしい」

→ **That's an amazing idea.**
「それは素晴らしい考えですね」

→ **You'll be amazed.**
「きっと驚かれますよ」

→ **I was amazed.**
「素晴らしくて驚きました」

● best「最高の／最上の」

→ **This is the best plan.**
「これは最高のプランです」

→ **That's the best news I've heard.**

「こんな素晴らしいニュースは聞いたことがありません」

※つまり「それはよかったですね」

→ **This is the best idea.**

「これはベストのアイデアです」

● better「よりよい」

→ **There's a better way.**

「もっとよい方法があります」

→ **We can do it better.**

「弊社ならもっとうまくやれます」

→ **It's getting better all the time.**

「どんどん進化していきます」

※つまり「どんどんよくなっています」

● can「できる」

→ **I can do it for you.**

「私ならできます」

Chapter 3　知っておきたい便利なフレーズ

→ **I'm sure we can do it.**
「弊社であればやれると確信しております」

→ **It can be done by tomorrow.**
「明日までにやれます」

● confident「自信に満ちた／確信した」

→ **I'm confident we'll succeed.**
「私たちならうまくやれると確信しています」

→ **I have confidence in you.**
「あなたには信頼を持っています」
※つまり「あなたがやってくれると思っています」

→ **We can be confident.**
「自信があります」
※つまり「これはとてもいいです」

● discover「発見する／よさを理解する」

→ **I discovered something really interesting.**
「すごく面白いものを見つけました」

→ **That's a great discovery.**
「それはすごい発見ですね」

→ **Let's see what we can discover.**
「どうなっているか見てみましょう」

● effective「効果的な」

→ **This plan is effective.**
「この案は効果的です」

→ **There's a more effective way.**
「もっと効果的なやり方があります」

→ **That was an effective presentation.**
「効果的なプレゼンでしたね」

Chapter 3 知っておきたい便利なフレーズ

● excited「興奮した/ワクワクする」

→ **I'm excited about this proposal.**
「この企画にはワクワクしております」

→ **This is an exciting opportunity for us.**
「私たちにとりましては素晴らしい機会です」

→ **There's a lot of excitement about this product.**
「この製品には多くの刺激があります」

● great「素晴らしい」

→ **I'm sure it will work great.**
「うまくいくと確信しています」

→ **That's great to know.**
「それは素晴らしい知らせです」

→ **It'll be a great opportunity.**
「素晴らしいチャンスになるでしょう」
※つまり「とても楽しみです」

● guarantee「保証」

→ **It's a guarantee.**
「これは保証済みです」
※つまり「これは絶対うまくいきます」

→ **You have my guarantee.**
「私が保証します」

→ **I guarantee you, I'll do my very best.**
「最善を尽くすとお約束します」

● happy「幸せな」

→ **You'll be happy to hear this.**
「これを聞けば喜ばれると思いますよ」
※つまり「いいお知らせがあります」

→ **I'm happy to tell you, ...**
「ご報告できるのを大変嬉しく思います」

→ **I'm happy with the results.**
「この結果には満足しております」

Chapter 3　知っておきたい便利なフレーズ

● help「手を貸す／役立つ」

→ **I'm sure I can help you.**
「お役に立てると思います」

→ **This will be a big help.**
「これは本当に助かります」

→ **You've been a big help.**
「大変力を尽くしていただきました」
※つまり「本当に助かります」

● impressed「感動して」

→ **I'm sure you'll be impressed.**
「大変感銘を受けると確信しております」
※つまり「きっと喜ぶでしょう」

→ **That's impressive.**
「それはすごいですね」

→ **You've had a big impression on me.**
「あなたは大変印象的な方です」
※つまり「私はあなたからとてもいい影響を受けました」

● improve「改善する」

→ **We can improve it.**
「これを改善できます」

→ **This is a big improvement.**
「これは大幅な改善です」
※つまり「こちらの方がすごくいいです」

→ **There's room for improvement.**
「改善の余裕があります」

● increase「増加する」

→ **This will increase our chances.**
「これでチャンスが増します」

→ **I have an idea for decreasing our shipping time.**
「我々の輸送費を減少させるアイデアがあります」

→ **I increased sales by 15 percent.**
「売上高を15%あげました」

Chapter 3　知っておきたい便利なフレーズ

● love「〜したいと強く願う／愛情を抱く」

→ **I'd love to do that.**
「ぜひそれをしたいと思います」

→ **I'm sure you'll love this.**
「これはお気に召すと確信しています」

→ **I love it!**
「気に入っています!」

● opportunity「機会」

→ **It's a great opportunity.**
「すごいチャンスです」

→ **Thank you for this opportunity.**
「このような機会を与えていただきありがとうございます」

→ **Let's grab this opportunity.**
「この機会を逃さないようにしましょう」

● optimistic「楽天的な」

→ **I'm optimistic it will work.**
「それはうまくいくと楽観しています」

→ **Thanks for being optimistic.**
「楽観的な見通しを持ってくださってありがとうございます」
※つまり「前向きに考えてくださってありがとうございます」

→ **There's lots to be optimistic about.**
「多くの点で楽観的になれます」
※つまり「いいことがたくさんあります」

● positive「確かな／前向きな」

→ **I'm positive this will work.**
「うまくいくと確信しています」

→ **I had a positive experience.**
「とてもよい経験をしています」

→ **It's a positive sign.**
「これはよい兆候です」

Chapter 3 知っておきたい便利なフレーズ

●possible「可能な」

→ **It's possible to do this in two days.**
「2日間で終えることは可能です」

→ **That's very possible.**
「可能性は十分あります」

→ **It's difficult but possible.**
「むずかしいですが、不可能ではありません」

●results「結果」

→ **I like these results.**
「この結果には満足です」

→ **I'll show you results.**
「必ず結果をお見せします」

→ **I'm result-oriented.**
「私は結果第一主義です」

● save「節約する」

→ I can save you a lot of time.
「多くの時間を節約していただくことができます」

→ This will save $500.
「これで500ドルお得です」

→ We'll save you a lot of trouble.
「多くの問題を回避するお手伝いができます」
※つまり「弊社のサービスではいろいろな問題を避けられます」

● trust「信頼」

→ You have my trust.
「私はあなたを信頼しています」
※つまり「応援しています」

→ I know I can trust you.
「信頼できる方であると存じています」
※つまり「やってくれると分かっています」

→ Thanks for trusting me.
「ご信頼いただき、ありがとうございます」

おわりに
日本人らしくはないけれど

　「英語を教える仕事をしたいが、どうしたらよいのか」とネイティブからよく聞かれます。私は求人広告で探すか、直接英会話学校を訪ねることをすすめています。

　しかし、初めて来日したとき、私は何もわかっていませんでした。

　日本で英語を教え、大学の学費を稼ぎたいと思っていた私は、残念ながら職探しの方法を知らず、まず履歴書を書き、英語業務を必要とする会社が多いであろう大手町へと向かいました。大会社のひとつに入ると、私は巨大なロビーの一角にある受付まで進みました。受付係に「英語を教えることができます」とだけ言い置いて、履歴書を残しその場を立ち去りました。

　そのときの私は、大会社は既存の大手企業としかビジネスをしないのだということを理解していませんでした。もちろん今ではよくわかります。大手の企業と仕事をするためにはきちんとした組織や人物からの紹介、また、推薦してくれる立派な会社のポートフォリオが必要であることも承知しています。

しかしながら、なんと私にその企業から電話連絡が届いたのです。**その大手町の会社は私がなんのコネもなく単独で訪問し、履歴書を持っていったことに感銘を受けたと言ってくれました。**

　何かを始めるための正しい手続きや方法を知らなかったからこそ、私は大会社で教える仕事を得ることに成功したのです。おそらく英語講師の派遣会社が最高のセールスマンを送ったところで、失敗していたでしょう。方法もエチケットも知らなかったからこそ私は成功を収めたのです。

　それでも、きちんとしたエチケットが第一、などと考えますか？　**もし、あなたを助けてくれそうな人に出会ったら、とにかく話をしましょう。それが実は、最も大切で、最もふさわしいエチケット**なのです。

デイビッド・セイン

30秒英語プレゼン術
エレベーター・スピーチで ビジネス英語のレベルが 一気に上がる！

発行日　2012年10月4日　第1版第1刷

著者	デイビッド・セイン
デザイン	間野 成
執筆協力	窪嶋優子
編修協力	洗川俊一
校正	アマプロ株式会社、中山祐子
編集	柿内尚文
編集アシスタント	舘 瑞恵
発行人	高橋克佳
発行所	株式会社アスコム
	〒105-0002
	東京都港区愛宕1-1-11　虎ノ門八束ビル
	編集部　TEL：03-5425-6627
	営業部　TEL：03-5425-6626　FAX：03-5425-6770

印刷・製本　中央精版印刷株式会社

ⓒ A to Z Co. Ltd.／株式会社アスコム
Printed in Japan　ISBN 978-4-7762-0746-7

本書は著作権上の保護を受けています。
本書の一部あるいは全部について、株式会社アスコムから文書による許諾を得ずに、
いかなる方法によっても無断で複写することは禁じられています。

落丁本、乱丁本は、お手数ですが小社営業部までお送りください。
送料小社負担によりお取り替えいたします。
定価はカバーに表示しています。

こちらも大好評！

アスコムの
ビジネス語学書シリーズ

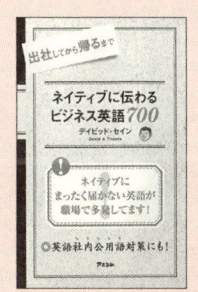

ノートっぽいデザインが目印です

出社してから帰るまで
ネイティブに伝わる
ビジネス英語700

デイビッド・セイン 935円（税込）

日本人が気付かないで使ってしまう
間違った英語表現を紹介！
その上で、どうすればネイティブにも
通用するのかを丁寧に解説しました。

ネイティブが教える
TOEICテスト
シンプル勉強法

デイビッド・セイン 1,000円（税込）

TOEIC作成者と同じネイティブによる、
TOEIC攻略術を公開。
点数が伸びなくなった、普段勉強する
時間がないなどで悩む方に朗報です！

すぐ使える！簡単に伝わる！
ビジネス中国語500

ジャオ・リージン 1,000円（税込）

急な出張でも転勤でもすぐに役立つ
実用的フレーズが満載。
すべての文例がカタカナ付きなので、
発音が難しい中国語もこれ1冊でOK！

社会人になってからでも短時間で英語力をアップさせる待望の書!

山西治男
英語は要領!

アスコムmini bookシリーズ

The Simple Tips on **60** 分て英語が分かる! Learning English

コツさえつかめば、英語は誰でもできる!
できるだけ少ない時間で効率よく英語を身につける、とっておきの方法です

アスコム

英語は要領!
山西治男
680円

「英語が思ったように上達しない」「英語って覚えることが大変」…
こんな悩みをお持ちの方は注目!わかりやすく教えることで
評判の著者の解説で"英語のキモ"がスッキリと理解できます!